Kirpal Singh

Spiritualität

AF199211

Impressum:

Originalausgabe: „Spirituality – what it is"
Delhi, 1959, „no rights reserved" (entsprechend CCO)

Übersetzung aus dem Englischem, Satz und Gestaltung:
Mitglieder von Unity of Man (Deutschland und Österreich)

herausgegeben von:
Unity of Man - Die Einheit des Menschen - Sant Kirpal Singh e.V.,
Postfach 10 18 03, D-75118 Pforzheim

(c) 2020, Unity of Man - 2. überarbeitete Auflage, Juni 2020

Herstellung und Verlag: BoD, Norderstedt

ISBN 978-3-7504 8083 4

Inhaltsverzeichnis

Über den Autor

Blickt man in der Geschichte der Menschheit zurück, findet man Persönlichkeiten, deren Leben so beeindruckt und inspiriert, dass wir sie uns zum Vorbild nehmen. Darunter sind auch Menschen, die ein bewusstes, spirituelles Leben verwirklichten. Sie zeigten auf praktische Weise, wie man mit der Quelle von allem, was existiert, in Verbindung kommt und wieder mit ihr eins wird.

Dieses Ziel stellen uns auch die Religionen vor Augen und tatsächlich findet man am Beginn der religiösen Traditionen solche herausragenden Persönlichkeiten. Doch war es ihre Absicht, Religionen zu gründen, wie wir sie heute vorfinden? Es ging ihnen vielmehr darum, die spirituellen Möglichkeiten zu erschließen, die in jedem Menschen angelegt sind. Das war auch Kirpal Singhs Anliegen (1894-1974).

Keine Religion ist höher als der Dienst am Menschen. Rosenkranz, Altar und Gewänder haben keinen Wert. Mein Geliebter ist in allen Herzen, und kein Herz ist ohne Ihn.

Wirklich gesegnet ist das Herz, in dem Er sich offenbart.

Sei sicher, dass Gott in allen Herzen wohnt. Und daher muss jedes Herz geachtet werden.

Sheik Saadi[14]

Geboren wurde Kirpal Singh am 6. Februar in Sayyad Kasran im heutigen Pakistan in einer Sikh-Familie. Von Kindheit an fiel er durch eine besondere Reife auf. Umgeben von der bunten Vielfalt der Religionen, Yogis, Sadhus und Mahatmas, suchte er sehr früh eine unabhängige, direkte Verbindung zu Gott durch Gebet und Meditation. Im Jahr 1924 begegnete er seinem Lehrer Baba Sawan Singh.

Sein Leben als Familienvater mit drei Kindern und einem verantwortungsvollen Posten als Beamter im Dienst der indischen Regierung zeigte, dass Spiritualität nichts mit Weltflucht zu tun hat. Während all dieser Jahre kümmerte er sich neben all seinen Verpflichtungen zudem um alte und kranke Menschen. Als er im Jahr 1947 in den Ruhestand ging, vollzog sich gerade die Teilung Indiens, die über eine Million Opfer aufgrund von Religionszugehörigkeiten forderte.

Die höheren Werte des Lebens und ein Bewusstsein der Einheit zu vermitteln, war ihm eine Herzensangelegenheit. Aktiv setzte er sich für Frieden und Verständigung unter den Religionen ein. In Büchern, Vorträgen und persönlichen Gesprächen brachte er den Menschen diese zentralen Themen nahe. Sein Motto war „Be good – do good – be one" „Seid gut – Tut Gutes – Seid eins".

Auf drei Weltreisen besuchte er viele Städte der westlichen Welt und traf mit religiösen Oberhäuptern, Politikern und Persönlichkeiten des öffentlichen Lebens zusammen.

1963, 2. Weltreise, Europa

Im Jahr 1957 wurde er zum Präsidenten der Weltgemeinschaft der Religionen gewählt und hatte dieses Amt 14 Jahre inne. In Anerkennung seiner Bemühungen wurde ihm als erstem Nicht-Christ das Großkreuz von Jerusalem des Souveränen Malteserordens verliehen.

1974 berief Kirpal Singh die Weltkonferenz zur Einheit des Menschen ein, die vom 3. bis 6. Februar in Delhi stattfand. Unter den Teilnehmern waren führende Persönlichkeiten Indiens wie die damalige Ministerpräsidentin Indira Gandhi mit Kabinettsmitgliedern, hochrangige Vertreter aus Religion und dem öffentlichen Leben, Delegierte aus mehr als 25 Nationen und viele Menschen, denen einfach das Thema am Herzen lag.

Es war eine Konferenz auf der Ebene des Menschen im besten Sinne des Wortes, denn im Mittelpunkt stand das gemeinsame innere Band, das uns alle verbindet.

Aus ihm erwachsen Werte wie Gewaltlosigkeit, gegenseitiger Respekt, universale Liebe und Mitgefühl. Diese Konferenz war die Geburtsstunde von Unity of Man, einer Bewegung für alle, die sich für Einheit einsetzen und entsprechend leben wollen.

Bereits Ende der 1960er Jahre entwickelte Kirpal Singh ein Konzept für Zentren, die der ganzheitlichen Entwicklung des Menschen dienen – sozial, intellektuell und spirituell. Dieses Konzept wird seit 1981 in Kirpal Sagar in Nordindien umgesetzt.

Kirpal Sagar, Teilansicht   (https://kirpal-sagar.org)

Vorwort des Autors

Gott ist in der Seele,
und die Seele ist in Gott,
wie das Meer im Fisch
und der Fisch im Meer.

Hl. Katharina von Siena[1]

Der Begriff *Spiritualität* ist nicht einfach zu definieren. Die Reichweite und der Umfang dieses Themas sind in all seinen Aspekten so groß und breitgefächert, dass man es selbst mit noch so vielen Worten kaum ausdrücken kann. Es mag genügen zu sagen, dass sich die Spiritualität mit den unveränderlichen und ewigen Tatsachen des Lebens befasst, den wirkenden Prinzipien, welche die ganze Schöpfung beleben.

Seit das Bewusstsein im Menschen erwachte, war die Suche nach dem *Geist* und den Gesetzen der Spiritualität immer in seinem Herzen. Obwohl dieses Thema schon uralt ist, ist es immer frisch und wird es auch bleiben. Der Geist oder die Seele ist die belebende Flamme im Menschen. In ihrem Licht und Leben existiert und lebt er. Es ist daher kein Wunder, dass in allen Teilen der Erde und in jedem Zeitalter die Vorreiter des spirituellen Denkens – die Weisen und Seher, die Heiligen und *Sadhs*[2] – versucht haben, das Rätsel des Lebens zu lösen.

Das Thema Spiritualität befasst sich ausschließlich mit den Fragestellungen, die mit dem Bewusstsein oder der Seele in Verbindung stehen: mit dem Ursprung der Seele oder ihrer Quelle, mit dem, was sie ist, wo sie ihren Sitz im Körper hat und mit ihrer Beziehung zum Körper. Sie befasst sich damit, wie die Seele in der physischen Welt wirkt, ob es möglich ist, sie nach Belieben vom Körper und seinen unterstützenden Werkzeugen, dem Gemüt und den Sinnen, zu trennen. Und wenn ja, welche Vorgänge damit verbunden sind. Sie beschäftigt sich mit der spirituellen Reise durch verschiedene geistige Ebenen und der Fähigkeit der Seele, sie zu durchqueren. Es geht darum, was das endgültige Ziel ist, zu dem diese Reise führt, sowie um andere verwandte Themen wie das Wohl des Geistes, wie man ihn nährt und womit. Denn von seiner Gesundheit hängt die des Gemüts und des Körpers ab. Das sind einige der wichtigsten Fragen, die in den Bereich unserer Nachforschungen fallen.

Spiritualität ist mehr eine praktische Wissenschaft als eine theoretische Erörterung. Die vielfältigen Texte der verschiedenen Weltreligionen vermitteln uns den theoretischen Aspekt, können uns aber keine anschauliche Erfahrung der Wirklichkeit im Labor des menschlichen Körpers geben. Schriften wie die *Veden* und die *Upanishaden*[3] der Hindus, die *Awesta*[4] der Zoroastrier, die *Tripataka*[5] der Buddhisten, die *Evangelien* der Christen, der *Koran* der Muslime, der *Adi Granth*[6] der Sikhs, die *Triratans*[7] der Jains und andere kanonische Literatur sowie außerkanonische Werke samt ihren Kommentaren, die älteren und die modernen (die *Mahabhasyas*, die *Angas* und *Upangas* usw.) – sie alle mögen den Weg weisen, haben aber keine Kraft, uns auch dorthin zu bringen. Ihr Hauptverdienst liegt in der vorbereitenden Arbeit, die sie leisten, um im Suchenden das Interesse für *Para Vidya* oder das Wissen vom Jenseits zu wecken. Die transzendente Erfahrung selbst kann jedoch nur von einem lebenden Meister, einem *Murshid-i-Kamil*[8], erlangt werden, der sich in den praktischen Aspekten der Spiritualität auskennt und kompetent ist. Leben und Licht können allein vom Lebensimpuls eines Meisterheiligen kommen. Sein gnadenvoller Blick ist mehr als genug, um ein höheres Leben im Schüler zu erwecken.

Die bedeutendsten Lehrer der Menschheit wenden je nach den individuellen Bedürfnissen des Schülers alle der drei Methoden an:

1. *Anva* oder grobstofflich: Die spirituellen Anweisungen werden mündlich weitergegeben.

2. *Shakta* oder feinstofflich: Dem Schüler wird spirituelles Bewusstsein vermittelt, ohne dass er den äußeren *Sadhan*[9] oder Disziplin durchlaufen muss.

3. *Shambava* oder transzendent: Der Schüler wird durch unendliche Barmherzigkeit auf die höchste Stufe der Verwirklichung erhoben, ohne dass er irgendetwas tun muss.

Als unfehlbarer Führer auf dem inneren spirituellen Weg erscheint der Meister in seiner strahlenden Form, *Guru Dev*[10], und begleitet den Geist, wenn er das Körperbewusstsein überschreitet, sei es während des Lebens oder zur Zeit des Todes. Als echter Meister der Wahrheit, *Satguru*[11], erfüllt er den göttlichen Plan. Es kann nicht überbetont werden, wie notwendig eine solche Meisterseele ist, die gleichzeitig auf verschiedenen Ebenen wirken kann – als *Guru*[12], *Gurudev* und *Satguru*.

Kurz gesagt befasst sich Spiritualität einzig und allein mit Selbsterkenntnis und Gott-Verwirklichung. Sie hat deshalb nichts mit institutionalisierten Religionen oder institutionalisierter Frömmigkeit, mit einem äußeren Zur-Schau-Stellen der Religion zu tun, so wie wir es heutzutage großteils praktizieren.

Spiritualität sollte auch von engstirnigem Dogmatismus unterschieden werden. Während die meisten der großen Weltreligionen dazu neigen, in ihrer Sichtweise mit der Zeit immer engstirniger zu werden, bleibt Spiritualität immer universell, indem sie Menschen aller Weltanschauungen dazu aufruft, an diesem *studium generale* oder der *universalen Mysterienschule*[13] teilzunehmen und es zu praktizieren. Im Gegensatz zu verschlossenen oder dogmatisch festgelegten Religionen ist Spiritualität ein offenes Buch Gottes mit einem lebendigen Hauch, den der Meister ihr verleiht, und sie so von Zeit zu Zeit dem Verständnis der Epoche angepasst darstellt. In diesem wissenschaftlichen Zeitalter wird sie dementsprechend präsentiert, mit sonst aus der Mathematik bekannter Genauigkeit und Ergebnissen, die überprüfbar sind.

Der Begriff Spiritualität ist nicht zu verwechseln mit:

1. *Spiritismus* oder dem Glauben an die Existenz von Geistern außerhalb der (gewöhnlich sichtbaren) Materie. Wenn sie keinen Körper mehr haben, suchen sie die unteren Regionen als Geister heim oder halten sich als Engel auf den niedrigeren Ebenen der Astralregionen auf.

2. *Spiritualismus* oder dem Glauben an das Weiterleben der menschlichen Persönlichkeit und an die Möglichkeit der Kommunikation zwischen den Lebenden und denjenigen, die „hinübergegangen" sind und sich dann als Klopf- oder Schreibgeister etc. betätigen.

3. *Mesmerismus* oder der Erzeugung eines Trancezustandes durch bewusst angewandten „tierischen Magnetismus". Dabei unterwirft der Anwender die Willenskraft des Patienten.

4. *Hypnose*, die eine Art Tiefschlaf erzeugt, in dem das (Wach-) Bewusstsein ausgeschaltet und der Hypnotisierte für die Eingebungen des Hypnotiseurs anfällig gemacht wird.

Spiritualität dagegen ist die Wissenschaft, bei der das höhere Bewusstsein im Menschen auf der Ebene der Seele entwickelt wird. Sie bewirkt, dass man sich vom bloßen Körperbewusstsein zum kosmischen Bewusstsein und weiter zum Überbewusstsein erhebt, damit man das Wirken des göttlichen Plans verstehen kann.

Mit diesen wenigen Worten möchte ich den Sucher nach der Wahrheit bitten, die folgenden Seiten sorgfältig zu lesen und in sich aufzunehmen, um die wahre Bedeutung dieses wichtigsten und doch sehr vernachlässigten Themas - Spiritualität - zu verstehen.

Kirpal Singh

I. Spiritualität

Der Mensch ist älter als alle Philosophien und Religionen. Sie waren ursprünglich dazu gedacht und deshalb später ausgeformt und weiterentwickelt worden, um sein moralisches und spirituelles Wohl zu sichern, damit er am Ende Erlösung oder Freiheit von der Knechtschaft des Gemüts und der Materie erlangen kann. Doch trotz Wohlstand, ethischen Prinzipien und enormer Gelehrsamkeit, Wissen und Weisheit die er erworben hat, ist der Mensch im Allgemeinen nicht wirklich mit seinem Leben zufrieden, weil er nicht in der Lage ist, die grundlegende Wahrheit der Liebe, den Kern aller Religionen, zu erkennen.

Gott schuf den Menschen und der Mensch schuf die Religionen. Eigentlich sind die Religionen für den Menschen gemacht und nicht der Mensch für die Religion. Hinduismus, Buddhismus, Christentum, Islam, Sikhismus und andere - sie alle entstanden im Laufe der Zeit, entsprechend dem, was die damaligen Bedingungen erforderten, um diesem primären menschlichen Bedürfnis zu dienen. Wenn wir in die Vergangenheit zurückkreisen, finden wir keine Spur von den Sikhs vor fünfhundert, von den Muslimen vor vierzehnhundert, von den Christen vor zweitausend und von den Buddhisten und Jains vor fünf- oder sechstausend Jahren. Vor dem Aufkommen der arischen Stämme erschienen viele Völker und verschwanden auch wieder von der Bühne des Lebens. Aber der Mensch ist stets

Mensch geblieben, der Herr der Schöpfung, in allen Zeiten und Ländern. Ob im Osten oder im Westen, immer und überall ist er in seiner wesentlichen Natur derselbe: ein beseelter Körper oder eine verkörperte Seele, unabhängig von sozialem Stand, Glauben oder Rasse. Das innere Selbst in ihm ist von der gleichen Essenz wie Gott.

> *Das Bewusstsein im Menschen*
> *ist von derselben Essenz*
> *wie der alles durchdringende Geist.*
> Gond Kabir

> *Alle Kreaturen sind Geschöpfe*
> *von ein und derselben Jauhar (Essenz).*
> Sheikh Saadi[14]

Jedes Land, jede Epoche hatte seine Weisen und Seher. Abwandlung und Verfall sind natürliche Merkmale der Zeit. Und immer wieder erscheinen Propheten, um die Dinge in Ordnung zu bringen. Alle Religionen verdanken ihre Geburt den Lehren dieser Meisterseelen. Das Ziel der verschiedenen religiösen Gemeinschaften war immer das Gleiche: Einen Weg zurück zu Gott zu zeigen, das fehlende Bindeglied zwischen Ihm und dem Menschen zu finden. Sie sind somit ein Mittel zum Zweck, aber nicht das Ziel an sich. In der Praxis stellen wir jedoch fest, dass keine von ihnen uns in hohem Maß zufriedenstellen kann. Die Schuld liegt nicht bei den Religionen, sondern bei denen, die sie den Menschen vermitteln.

II. Wahre Religion ist universale Liebe und Erinnerung an Gott

Was ist wahre Religion? Das ist die natürlichste Frage des Menschen und jeder wird in der einen oder anderen Phase des Lebens damit konfrontiert. Uns stehen hunderttausende von Schriften und Abhandlungen zur Verfügung, die sich mit den wesentlichen Problemen des Daseins befassen. Sie sind sich jedoch in der Beantwortung dieser rätselhaften Frage nicht einig. Wir müssen daher unsere Nachforschung und unsere Suche nach einer richtigen Lösung fortsetzen, die nur eine sein kann. Aber bevor wir mit dieser Aufgabe beginnen, müssen wir zuerst den Zweck der Religion oder des *Dharma*[15] kennen. Das Ziel, das uns alle Religionen nennen, ist ein und dasselbe: göttliche Schönheit und den mit Glückseligkeit erfüllten Anblick des Herrn zu erfahren. So wie viele Bogenschützen haben alle Religionen dasselbe Ziel im Auge.

Wenn wir wirklich ernsthaft behaupten, dass wir Gott lieben, müssen wir auch Seine Schöpfung lieben - denn der Schöpfer und Seine Schöpfung sind eins. Wir können nicht das eine lieben und das andere hassen.

Alle Heiligen und Weisen handeln nach diesem Grundsatz und lieben die Menschheit als solche – es spielt dabei keine Rolle, ob jemand an Gott glaubt oder nicht. Sie machen keinen Unterschied zwischen einem Theisten, Atheisten oder Agnostiker[16]. Sie glauben an die eine große Familie Gottes.

Sie lieben alle, trotz der scheinbaren Unterschiede in den unwesentlichen Dingen des Lebens.

Aber wie sieht es wirklich in der Welt aus? Nachdem wir die grundlegende Wahrheit der Liebe vergessen haben, die an der Basis aller Religionen wirkt, sind wir vom Rettungsanker abgeschnitten und treiben steuerlos im Meer des Lebens umher. Jeder versucht, sich an einem Strohhalm festzuklammern, um sich selbst zu retten. Die natürliche Folge davon ist, dass wir nach einem kurzen Kampf gegen Sturm und Regen in das große Vergessen versinken. Wir lösen das Rätsel des Lebens nicht - woher wir kommen und wo wir gebunden sind, das Warum und Wofür des menschlichen Lebens.

Die Liebe ist daher die einzige wahre Religion. Der heilige Paulus wandte sich an die Galater mit den Worten: *Dient einander in Liebe* (Gal. 5,13). Leigh Hunt[17] erklärte: *Wer seinen Mitmenschen dient, liebt Gott und ist der wahre Liebende Gottes*. Und ähnlich sagt Samuel Taylor Coleridge[18] in seinem bekannten Gedicht vom alten Seemann:

> *Der betet am besten, der am besten liebt,*
> *all die großen und die kleinen Dinge.*
> *Denn der liebe Gott, der uns liebt,*
> *erschuf und liebt sie alle.*

Johannes schreibt in seinem Brief: *Wer nicht liebt, hat Gott nicht erkannt, denn Gott ist Liebe* (1 Johannes 4,8). Christus, der große Apostel des Friedens, zeigte mit seinen denkwürdigen Worten mit Nachdruck ein Hauptprinzip des Lebens auf: *Liebe dei-*

nen Nächsten wie dich selbst (Matthäus 19,19). Und nochmals betonte er ausdrücklich: *Liebe, und alle Dinge werden dir hinzugegeben.* (Matthäus 6,33)

Sheikh Saadi, ein muslimischer Heiliger, lehrte dasselbe: Wie die Glieder eines Körpers so sind die Kinder Gottes miteinander verbunden. Sie sind aus der gleichen Essenz entstanden. Sollte einer von ihnen unter Fieber leiden, werden auch die anderen unruhig.

Sheikh Farid[19] und andere Heilige wiederholten ebenfalls diese Wahrheit in der gleichen Weise:

*Wenn du deinen Geliebten, Gott, finden willst,
so verletze die Gefühle von niemandem.*

Shalok Farid

Guru Gobind Singh[20], der zehnte Guru der Sikhs, sagte: *Wahrlich, wahrlich, ich sage euch, Gott offenbart sich demjenigen, der liebt.* Gott ist Liebe, unsere Seele ist von der gleichen Essenz wie Gott. Somit ist auch sie Liebe, und der Weg zurück zu Gott ist ebenso die Liebe.

Und wiederum heißt es:

*Der Schöpfer und Seine Schöpfung sind eins.
Verletze Seine Schöpfung nicht, o Nandlal,
und ziehe dir nicht den Zorn Gottes zu.*

Bhai Nand Lal[21]

Alle heiligen und gottesfürchtigen Ergebenen haben nur eine Religion – die der Hingabe an Gott und der Liebe zu Seiner Schöpfung. Ein Mensch ist nicht besser als ein Schaf oder eine Ziege, wenn er nicht von Gefühlen der Liebe und Zuneigung für seine Mitmenschen angetrieben wird, ihre Freuden und Leiden teilt und ihnen in ihren Mühen und Sorgen beisteht. Wenn wir statt mit menschlichem Mitgefühl mit Bosheit, Hass, Eifersucht, Neid und Feindschaft erfüllt und mit Ärger, Gier und Selbstliebe belastet sind, sowie von Stolz und Vorurteilen beherrscht werden, können wir weder ein reines Herz haben, das das Licht Gottes in uns reflektieren kann, noch wahre Glückseligkeit erlangen.

Der Mensch, so wie er mit dem Geist Gottes beschenkt ist, ist das Höchste und die Krone der Schöpfung. Je mehr man seine Mitmenschen liebt, desto näher kommt man dem Schöpfer. Die ganze Schöpfung ist Seine Offenbarung und Sein Geist wohnt allen Formen und Mustern inne. Alle Farben haben ihren Farbton von Ihm. Sein Geist, der alles durchdringt, wirkt überall, und es gibt keinen Ort ohne Ihn.

Jeder spiegelt das Licht wider,
das aus der Quelle des Selbst kommt.
0, keiner ist gut oder schlecht.
Parbhati Kabir

Der Teil ist im Ganzen und das Ganze im Teil.
Wo ist dann der Unterschied,
wenn beide das Eine wiederspiegeln?
Kabir[22]

Unterschiede in den Formen, der Lebensweise, der Kleidung und den äußeren Gebräuchen sind auf die naturgegebenen Bedingungen zurückzuführen. Das innere Wirken der Seele können sie nicht beeinträchtigen. Wie nichts lösen sie sich in Luft auf, wenn man sich über das Körperbewusstsein erhebt und in den göttlichen Bereich am Sitz der Seele eintritt.

Christus lehrte immer:

Liebe Gott, deinen Herrn,
mit ganzem Herzen, mit ganzer Seele,
mit deinem ganzen Gemüt und Verstand.

Matthäus 22,37

Liebe deinen Nächsten
wie dich selbst.

Liebt eure Feinde, segnet jene die euch fluchen.
Tut wohl denen die euch hassen und bittet für
die, die euch beleidigen und verfolgen, auf dass
ihr Kinder seid eures Vaters im Himmel...
Liebe Gott, deinen Herrn,
mit ganzem Herzen, mit ganzer Seele,
mit deinem ganzen Gemüt und Verstand.

Matthäus 5,44-47

Seid also vollkommen, wie euer himmlischer
Vater vollkommen ist!

Matthäus 5,48

Dies ist wirklich wahre Religion, wahre Hingabe
und wahre Meditation. Das menschliche Herz ist
der Sitz Gottes. Es wurde dem Menschen zu treu-
en Händen gegeben. Deshalb muss es sauber und
rein gehalten werden, denn nur dann kann es Sein
Licht widerspiegeln und das Leben wirklich gesegnet machen. Der Körper ist der Tempel Gottes. Die
von Menschen gebauten Gotteshäuser halten wir
äußerst sauber und ordentlich, aber dem heiligen
Tempel Gottes, der wir wirklich sind, schenken wir
kaum Beachtung.

Es gibt nur ein schöpferisches Prinzip für die ganze
Schöpfung. Alle sind aus dem Licht Gottes geboren, das in allen leuchtet; und daher kann keines
seiner Geschöpfe als „böse" bezeichnet werden.

Thomas von Kempen[23] schreibt in seiner „Nachfol-
ge Christi":

Von einem Wort gehen alle Dinge aus
und sie alle berichten von Ihm.

Die Hindus nennen dieses schöpferische Prinzip
Naad, die Muslime *Kalma* und die Sikhs *Naam*.

Die Wahrheit ist eine und nur eine,
obwohl sie die Weisen unterschiedlich beschreiben,

heißt es in dem denkwürdigen Upanishaden-Text.

Sheikh Saadi sagte:

Keine Religion ist höher
als der Dienst am Menschen.

Rosenkranz, Altar und Gewänder
haben keinen Wert.

Mein Geliebter ist in allen Herzen,
und kein Herz ist ohne Ihn.

Wirklich gesegnet ist das Herz,
in dem Er sich offenbart.

Sei sicher, dass Gott in allen Herzen wohnt.
Und daher muss jedes Herz geachtet werden.

Nicht mehr als ein Gebäude aus Stein
ist die Kaaba[24] von Khalil[25] ,
doch die Kaaba des menschlichen Herzens
ist der Sitz Gottes.

Von allen Pilgerfahrten
ist die zum menschlichen Herzen die wahre.
Sie hat mehr Wert
als zahllose Reisen nach Mekka[26].

Das ist es, was Maulana Rumi[27], der große Heilige,
rät:

O Mensch,
umkreise die geheime Kaaba des Herzens,
die anders ist als die Kaaba von Khalil.

Denn Gott selbst
schuf die Kaaba des menschlichen Herzens.

Maghrabi Sahib[28], ein großer Heiliger, erklärt:

Auch wenn du zahllose
Kasteiungen und Bußen verrichtest,
denen jeweils wohltätige Handlungen folgen,
und unzählige Fasttage,
die von tausend Gebeten und Myriaden
Nachtwachen begleitet werden,
wird dir das alles nichts nützen,
wenn du die Gefühle
eines einzigen Menschen verletzt.

Hafiz[29] warnt:

Trinke Wein nach Herzenslust, verbrenne
den heiligen Koran und übergib sogar
die heilige Kaaba den Flammen, wenn du willst,
aber verletze nicht
die Gefühle irgendeines Menschen.

All das wird als Sünde betrachtet, doch Hafiz sagt, dass es viel besser sei, sie zu begehen, als die Gefühle eines Menschen zu verletzen, denn das ist die größte und abscheulichste Sünde von allen.

Sheikh Saadi, ein muslimischer Heiliger, bestätigt:

Die Gnade Gottes kommt niemals herab,
solange du nicht Seine Schöpfung liebst.
Gott verzeiht nur denen,
die zum Wohle Seiner Schöpfung arbeiten.

24

Alle Menschen haben von Gott die gleichen Rechte erhalten

Alle Menschen, ungeachtet des Geschlechts, der Hautfarbe, der Gesellschaftsschicht oder des Glaubens, ob reich oder arm, hoch oder niedrig, kommen in gleicher Weise auf die Welt. Alle werden durch die Vereinigung von Samen und Ei aus dem Mutterleib geboren, und jeder einzelne erblickt nach einer Zeit der Schwangerschaft das Tageslicht.

Kabir, ein großer indischer Heiliger, sagte zu einem Priester von hoher Kaste:

> *O Brahmane, solltest du dich auf deine vornehme Geburt berufen und denken, dass du deshalb besondere Privilegien hast, so müsstest du auf andere Weise als die übrigen geboren sein.*

Außerdem haben alle Menschen – ob im Osten oder Westen - ähnliche physische Merkmale. Jeder hat die gleiche Anzahl Organe und Sinne und alle werden durch dieselben Impulse und Instinkte angetrieben und gesteuert. Die Wetterbedingungen beeinflussen alle. Alle genießen frei die Gaben von Mutter Natur: Licht, Luft, Wasser und Nahrung - und haben an ihren grenzenlosen Wohltaten teil.

In jeder Hinsicht findet man in der gesamten Schöpfung diese Gemeinsamkeiten. Ungeachtet ihrer Nationalität und Hautfarbe haben alle Menschen einen Körper, der aus fünf Elementen zusammengesetzt ist: Erde, Wasser, Feuer, Luft und Äther. Zudem leben alle auf diesem einen Planeten unter dem blauen Himmelsgewölbe. Jeder ist genauso von Krankheit, Verfall und Tod betroffen. Keiner entgeht dem Zahn der Zeit. Genauso wirken auch bei jedem Heilmittel gleichermaßen. Gott hat zwischen Mensch und Mensch keinen Unterschied gemacht. Der Mensch allein ist für alle Arten von Trennungen und Unterscheidungen in Stand, Rasse und Glauben verantwortlich, die die Menschheit in enge Begrenzungen von Klassen, Gemeinschaften, Gruppierungen und Nationalitäten teilen.

Religiöse Unterschiede

Alle scheinbaren religiösen Unterschiede sind vom Menschen geschaffen und sind das Ergebnis von Engstirnigkeit und Fanatismus.

Heilige und Seher haben eine gemeinsame Botschaft für die ganze Welt: sie verkünden universale Liebe. Tatsächlich kann niemand behaupten, dass er Gott liebt, ehe er nicht weiß, wie er seinen Nächsten lieben kann. Genauso wie physische Krankheiten den menschlichen Körper zerstören, so bewirken das auch die mentalen Schwächen. Letztere vergiften die Kreisläufe im Körper, sodass man von Gier, Egoismus, Hass, Groll und Feindseligkeit stark betroffen ist.

Das wiederum führt zu einer verkehrten Lebenseinstellung. So wird der Mensch auf die Ebene der Tiere hinuntergezogen, manchmal sinkt er sogar noch tiefer. Sehr oft ist die Folge davon sozialer und wirtschaftlicher Zusammenbruch.

Immer wenn Meisterseelen in die Welt kommen, sagen sie uns, dass alle Unterschiede im Glauben das Ergebnis von Unwissenheit, individuellen Vorstellungen, religiöser Selbstgefälligkeit oder geistigem Egoismus sind. In allen Religionen gibt es sogenannte Oberhäupter, die unter falschem Eifer und engherzigen Vorurteilen leiden. So können sie unmöglich eine objektive Sicht von allem, was sie umgibt, haben. Im Gegenteil, sie sehen die Welt durch die rauchgeschwärzte Brille, die sie selbst geschaffen haben. Sie haben keine Toleranz für Dinge und Lebensumstände, die nicht im Gleichklang mit den starren Glaubenssätzen ihrer organisierten, dogmatischen religiösen Gemeinschaften übereinstimmen.

Es gibt eine weltumfassende, universale Religion - die Religion der Liebe. Sie basiert auf der großen Grundwahrheit - der Vaterschaft Gottes und der Bruderschaft der Menschen. Durch Selbstsüchtigkeit, kleinliche Vorurteile und vernebeltes Verstehen haben wir engstirnige Machtbereiche innerhalb der Glaubensgemeinschaften geschaffen.

Wir haben Hecken und Mauern von Hass und Feindschaft um uns herum errichtet und trennen somit Mensch von Mensch, Klasse von Klasse, Nation von Nation und Land von Land.

In diesem Zusammenhang sagt Hafiz, ein großer muslimischer Heiliger:

Eine Wahrheit leuchtet sowohl im Muslim wie auch im Kufar (im Gläubigen sowie im Ketzer), und all die scheinbaren Unterschiede in den verschiedenen Gemeinschaften sind in Wirklichkeit ein substanzloses Nichts.

Es liegt allein an bloßen Vorurteilen, dass die Brahmanen und die Sheikhs (religiöse Oberhäupter des Hinduismus und des Islam) heute verschiedene Trinkgefäße haben, obwohl es in der Weinschenke nur einen Mundschenk (den Gottmenschen) gibt, der denselben Wein (der göttlichen Liebe) aus der gleichen Kanne an die verschiedenen Trinker, die am Tisch sitzen, ausschenkt.

Die Heiligen sagen uns, dass es im gesamten Universum nur einen Gott gibt. Die Upanishaden sagen dasselbe:

Die Wahrheit ist eine, obwohl die Weisen sie verschieden benennen.

Er ist der Gott der gesamten Schöpfung und nicht nur der Gott der einen oder anderen Religion. In Wirklichkeit gibt es keinen Unterschied zwischen dem *Karta* (dem einen wahren Schöpfer) der Hindus und dem *Karim* (dem Barmherzigen) der Muslime, dem *Ram* (dem Erhalter) der Hindus und dem *Rahim* (dem Mitleidsvollen) bei den Muslimen. All diese Namen beschreiben die verschiedenen Eigenschaften Gottes und wurden von Weisen, Heiligen, *Rishis*[30] und *Munis*[31] unterschiedlicher Glaubensrichtungen in ihrer eigenen Sprache geprägt. Die Namenlose Wirklichkeit ist Eine, doch sie antwortet auf die Rufe aller und auf jeden Namen, mit dem ein Mensch sich an diese Kraft wendet.

Der Namenlose hat viele Namen.
Ganz gleich, mit welchem Namen
man sich an Ihn wendet,
Er hört darauf.
Maulana Rumi

Man muss die Gefahren des Zweifels und des Skeptizismus mit Bedacht vermeiden. Gott allein soll verehrt und angebetet werden. Er ist der Gott von allen, und jeder einzelne ist Seine Offenbarung. Derselbe Lebensimpuls wirkt in allen, und jeden erleuchtet das gleiche Licht. Die gesamte Menschheit bildet eine einzige Klasse.

Guru Gobind Singh sagt in diesem Zusammenhang:

Manche lassen sich den Kopf rasieren, während andere sich in flammenfarbene Kleidung hüllen. Wieder andere nennen sich Jogis (eine Glaubensgemeinschaft, deren Anhänger hölzerne Ohrringe tragen und immer von einem Ort zum anderen wandern). Manche beachten den Zölibat in ihrer Suche nach dem Herrn, während andere sich strengen Bußen und Härten unterwerfen. Manche sind Hindus oder Muslime, andere sind Imame, Rafzis oder Anhänger eines Heiligen. Trotz all dieser unterschiedlichen Bezeichnungen bilden sie im Grunde genommen eine Menschheit, das

*heißt, sie sind aus Gott geboren und in Ihn ein-
gebettet. Nennt Ihn den Schöpfer, den Barmherzigen, den Geber oder Rahim, das macht überhaupt keinen Unterschied. Betrachtet das als eine
feststehende Wahrheit und lasst euch daher nicht
durch die unterschiedlichen Namen verwirren.
Sie alle dienen und verehren den gleichen Gott,
den Herrn und Meister des Universums. Alle Bezeichnungen offenbaren das Bild desselben Gottes
und existieren allein durch Seine Liebe und Sein
Licht.*

*Viele Namen hat der Namenlose, doch wie auch
immer man sich an Ihn wendet -
Er antwortet darauf.*

Erinnerung an Gott

Wenn wir den Weg zurück zu Gott finden wollen, dann ist es das Wichtigste, dass wir uns an Ihn erinnern. Das ist auch der Sinn und Zweck aller mit Hingabe ausgeführten Übungen, aller Orte, wo man Gott verehrt, und aller Pilgerreisen. Der menschliche Körper ist das wahre Gotteshaus.

Es gibt nur ein einziges gemeinsames Ziel der unterschiedlichen Arten der Hingabe, wie sie in den verschiedenen Schriften vorgegeben werden: Es geht immer darum, wie man den Herrn liebt und Ihn erkennt.

Die vielen Verfasser der Schriften in unterschiedlichen Teilen der Erde und zu verschiedenen Zeiten haben alle auf ihre eigene Weise auf den Weg zu Gott hingewiesen. Man kann es mit dem Sport des Bogenschießens vergleichen, an dem so viele Bogenschützen teilnehmen und ihre Pfeile auf das gleiche Ziel abfeuern. Ein indischer Heiliger sagt:

> *Jeder erzählt uns auf seine*
> *eigene Weise von seinem Geliebten.*
> *0 Rajab! Das Ziel ist eines,*
> *doch Bogenschützen gibt es unzählige.*

Im heiligen Koran (Surat Nahal-5.Raku) heißt es, dass von Zeit zu Zeit von Gott gesandte Meisterseelen verschiedene Formen der Verehrung eingeführt haben, entsprechend den Bedürfnissen der jeweiligen Epoche, in der sie lebten.

Omar Khayyam[32], ein großer persischer Sufi-Dichter, teilt uns mit:

> *Tempel und Moscheen oder Kirchen und Syna-*
> *gogen sind alle gleich gut um Gott anzubeten.*
>
> *Der Gong und das Muschelhorn bringen darin*
> *fortwährend bezaubernde Klänge der Musik des*
> *Lebens hervor.*
>
> *Der Bogen in den Moscheen, das Kreuz in den*
> *Kirchen und der Altar in den Tempeln sowie der*
> *Leuchter in den Synagogen sind nur verschie-*
> *dene Symbole für die Verehrung des göttlichen*
> *Geliebten.*

Gott kann nicht außerhalb vom eigenen Selbst verwirklicht werden, auch nicht an den heiligen Plätzen der Verehrung, egal zu welcher Glaubensrichtung sie gehören mögen. Um Ihn zu erkennen, muss man das Labor des menschlichen Körpers betreten, der im wahrsten Sinne des Wortes der Tempel Gottes ist.

Wahre Verehrung und Hingabe sind rein innerliche, geistige Vorgänge – ohne Verbindung zu und unabhängig von allem und jedem, das außerhalb der menschlichen Form liegt. Alles, was notwendig ist, ist Reinheit des Gemüts[33]. Auf einer ethischen Grundlage kann man Gott überall unter dem blauen Himmel anbeten, denn die ganze Welt ist ein einziges großes Gotteshaus, und es gibt keinen Ort ohne Ihn, das schließt auch die oben beschriebenen besonderen Stätten der Anbetung mit ein. Es ist tatsächlich so, dass jener Platz heilig wird, wo man in Demut kniet.

Im heiligen Koran (Albukar) wird es erwähnt:

Das ganze Universum ist Sein.
Wohin man sich auch immer wenden mag,
nach Osten oder Westen,
man wird Gott ins Angesicht schauen,
denn Er ist allgegenwärtig
und allwissend zugleich.

Nochmals:

Für Unwissende lebt Gott nur in Tempeln,
Kirchen und Moscheen,
die von Menschen erbaut sind.
Aber die wirklich Erwachten finden Ihn nur
in sich selbst -
dem von Gott geschaffenen
Tempel des menschlichen Körpers.

Al-Nisae Sahib[34] bestätigte:

Für mich ist die ganze Welt eine heilige Moschee.
Wo auch immer man zur festgesetzten Gebetszeit
ist, dort können meine Anhänger ihre Gebete
verrichten.

Alles ist heilig wo man in Hingabe kniet.
H.O. Wendell[35]

Maghrabi Sahib sagt uns:

Dein Geliebter ist in dir,
doch du weißt nichts davon
und gehst im Äußeren von Ort zu Ort,
um Ihn zu finden.

In eine Moschee zu gehen,
um den zu suchen,
der die Seele deiner Seele ist,
ist nichts anderes als
eine tragische Zeitvergeudung.

Die Unwissenden verbeugen sich
vor einer Moschee,
während die Weisen sich damit beschäftigen,
den Geist zu reinigen,
der der Thron Gottes ist.

Das Erste ist nur trügerischer Schein und das Letztere ist die eigentliche Realität.

Die wahre Kaaba oder der Altar der Anbetung ist deshalb der Satguru - eine Persönlichkeit, in der das Licht Gottes leuchtet.

Tulsi Sahib[36] sagt:

Wehe dir, du Bewohner
der von Gott geschaffenen Moschee,
da du in die von Menschen erbauten Tempel
gehst, um Ihn anzubeten.

***

Als Kabir auf einer Pilgerfahrt nach Mekka war,
begegnete ihm Gott auf seinem Weg.
Er tadelte ihn und fragte streng,
wer ihm gesagt habe,
dass Er dort sei
und nicht hier.

Kabir

34

Dieser Körper ist der wahre Tempel Gottes.
In ihm allein scheint das göttliche Licht.
Guru Amar Das[37], Parbhati M.3

Wisst ihr nicht, dass ihr der Tempel Gottes seid,
und der Geist Gottes in euch wohnt?
erster Brief an die Korinther 3:16

Ihr seid der Tempel des Lebendigen Gottes.
zweiter Brief an die Korinther 6:16

Hafiz von Shiraz sprach in gleicher Weise:

Der Grund, warum ich in den Tempel oder die
Moschee gehe,
ist mich mit dir, o Herr, zu vereinen.
Nichts anderes beabsichtige ich damit.

Außerdem sagte er:

Sag nicht, dass die Kaaba besser ist
als ein Tempel.
Tatsächlich ist der Ort allein der beste,
wo man die Herrlichkeit
seines Geliebten erfahren kann.

Guru Gobind Singh, der zehnte Guru der Sikhs, beschreibt es ganz deutlich:

Es gibt keinen Unterschied zwischen einer Dera
und einer Moschee, zwischen Puja (hinduistische
Art der Verehrung) und Namaz (muslimische
Gebetsform), da beide demselben Zweck dienen.
Die ganze Menschheit ist eins, und die Idee der
Verschiedenheit ist nur ein Mythos. Derselbe Gott

hat Engel und Geistwesen erschaffen, ebenso wie Türken (Muslime) und Hindus und in der Tat Menschen aller Konfessionen. Die ganze Vielfalt der Menschheit ist die Folge der äußeren Bedingungen, die in den verschiedenen Teilen der Welt herrschen.

Dennoch sind sie alle nach demselben Muster geschaffen und haben die gleichen Ohren und Augen, den gleichen Körper, und ihre physische Struktur besteht aus fünf Elementen: Erde, Wasser, Feuer, Luft und Äther. Der Ausdruck „Allah" der Muslime und das Wort „Alekh" der Hindus, sind Namen für dasselbe Wesen. Die Puranas und der Koran sprechen von Ihm allein.

In der Tat weisen alle Religionen, die es auf der Welt gibt, auf dieselbe Wirklichkeit hin. In allen Schriften heißt es, dass es vergebens ist, Ihn in der äußeren Welt zu suchen. Nur durch die Gnade eines Meisters oder des Gurus offenbart sich der Herr im Inneren.

Alle Orte der Verehrung, wo immer sie auch sein mögen, sind aus Wasser und Lehm erbaut. Wenn Gott allgegenwärtig ist, warum sollte man Ihn dann nur in Tempeln und Moscheen suchen? Er ist direkt in uns, noch mehr, Er ist die Seele unserer Seele, und wir leben und haben unser Sein in Ihm.

Diese Wahrheit eröffnet sich jedoch nur, wenn ein Sant Satguru, eine Meisterseele, uns hilft, indem Er uns eine tatsächliche Erfahrung davon vermittelt.

Wohin soll ich gehen,
wenn ich Seine Schönheit im Inneren sehe?

Ein Gemüt das von Ihm erfüllt ist,
ist nicht zerstreut.

Als ich eines Tages sehr von Gedanken
gequält war,
bereitete ich Sandelpaste und wollte
mich zu Brahmas Stätte aufmachen.

Da sagte der Meister zu mir,
dass Er im Innersten meines Geistes wohnt.

Wohin ich auch gehe,
sehe ich Häuser aus Wasser und Lehm.
Und doch erblicke ich Dich in Fülle in allem.

Ich suchte Dich in den Veden und Puranas,
und alle Schriften wiederholen das Gleiche.

Warum soll ich anderswo herumwandern,
wenn Du doch direkt hier bist!

O Satguru!
Ich möchte mich zu Deinen Füßen opfern,
denn Du hast mich
von allen Täuschungen errettet
und alle Fesseln zerbrochen.

Ramanand lebt und ruht nun in Brahma.

Das Wort des Meisters verbrennt
unzählige Karmas zu Asche.

Basant Ramanand[38]

Guru Arjan sagte:

> *Manche nennen Ihn Ram und andere Khuda.*
> *Andere sagen Gosain oder Allah. Er ist Kaaran*
> *und Karim oder Kirpa Dhar Rahim.*
> *Er ist der Schöpfer, der Seine barmherzigen*
> *Blicke der ganzen Welt schenkt.*
>
> *Manche baden in heiligen Flüssen,*
> *während andere sich auf eine Haj begeben (eine*
> *Pilgerreise nach Mekka).*
> *Die einen beten Ihn an, und andere beugen*
> *ihr Haupt in stiller Verehrung.*
> *Manche vertiefen sich in das Studium der Veden*
> *und andere lesen die heiligen Bücher anderer*
> *Religionen.*
> *Die einen tragen weiße Gewänder*
> *und andere blaue Roben.*
> *Die einen nennt man Hindus*
> *und andere Muslime.*
>
> *Doch, o Nanak, nur einer,*
> *der Seinen Willen erkannt hat,*
> *(indem er Sein bewusster Mitarbeiter wurde),*
> *kann Gottes Geheimnis kennen.*

Guru Granth Sahib, Ramkali M.5

Die heilige Lehre der Hindus ist in Sanskrit oder in Hindi geschrieben und die der Muslime in Arabisch oder in Persisch. Der Guru Granth Sahib der Sikhs ist in Punjabi und die Bibel der Christen gibt es auf Hebräisch, Griechisch, Lateinisch oder Englisch. Die verschiedenen Auslegungen, Kommentare und Anmerkungen zu diesen Lehren sind in den entsprechenden Sprachen verfasst, die zu der jeweiligen Zeit gesprochen wurden. All diese Schriften, ganz gleich in welcher Sprache sie geschrieben sind - denn für Gott spielt die Sprache keine Rolle - haben einfach nur den Sinn, in uns den Wunsch, das Verlangen, sowie Sehnsucht und Liebe zu Gott hervorzubringen.

Sie sind nur Mittel und nicht das Ziel, denn Gott ist ein ungeschriebenes Gesetz und Er spricht eine Sprache ohne Worte. Er ist jenseits aller Sprachen, denn keine einzige kann Ihn erreichen. Keine hat einen besonderen Wert, denn sie ist immer nur ein Ausdrucksmittel, damit man die liebevollen Geschichten von Gott erzählen und sie hören kann.

Hafiz sagt darum so schön:

O Hafiz!
In der Liebe gibt es keinen Unterschied
zwischen Türkisch, Arabisch oder irgendeiner
anderen Sprache.

Die Geschichten der Liebe können
in jeder Sprache, die du kennst, erzählt werden.

Die vielen Völker der verschiedenen Länder sind wie viele Kinder desselben Vaters oder Blumen desselben Gartens, auch wenn sie verschiedene Farben und Düfte haben. Wir alle befinden uns im Schoß der gleichen Mutter Natur und unter demselben blauen Himmelsgewölbe. Wir haben uns selbst durch kleinliche Vorurteile und eine begrenzte Sichtweise eingeengt und so in viele Glaubensgemeinschaften und religiöse Gruppierungen aufgespalten. Religion ist, wie das Wort buchstäblich sagt, ein Weg zurück zu Gott oder die Wiederverbindung mit der Quelle. Anstatt Befreiung zu bringen, hält uns die Religion wie der sprichwörtliche „Deckenbär" mit eisernem Griff fest, aus dem man sich nicht befreien kann.

Erklären wir zuerst den sprichwörtlichen Ausdruck Deckenbär. Ein Bär schwamm einen Fluss hinunter, als ein Mann am Ufer ihn mit einer Decke verwechselte und ins Wasser sprang, um sie herauszuholen. Als er sie ergriff, entdeckte er seinen Irrtum und wollte zurückschwimmen. Doch er konnte es nicht, weil ihn der Bär fest in seinem Griff hielt und ihn nicht losließ. Die Menschen am Ufer riefen, er soll doch zurückkommen, aber er antwortete, dass er ja zurückkommen wolle, aber der Deckenbär ihn nicht freilasse.

Das ist genau derselbe Zustand, in dem die Menschen dieser Welt heutzutage dahintreiben. Die Erwachten lehnen sich gegen diesen traurigen Zustand auf. Wenn sowohl die Moschee als auch der Tempel das Haus Gottes darstellen und von Gottes Licht erhellt werden, warum gibt es dann so viele Differenzen?

Das Ziel des Gottesdienstes in einem Tempel, einer Moschee oder an einem anderen religiösen Ort ist es, denselben Geliebten zu finden. Wenn trotz der scheinbaren Unterschiede in Form, Gestalt und Farbe zwei Steine, die man zusammenschlägt, denselben Funken erzeugen, dann ist es doch verwunderlich, dass es zwei verschiedenen Menschen, die

Gott verehren nicht gelingt, das gleiche Ergebnis zu erzielen. Das liegt dann daran, dass keiner von ihnen verstanden hat, was wahre Verehrung ist. Alle Religionen haben das Ideal der Selbsterkenntnis und Gottverwirklichung, dennoch predigen Brahmanen, Sheikhs (die religiösen Oberhäupter der Hindus und der Moslems) oder die Oberhäupter anderer Glaubensrichtungen im Namen ihrer Religion Hass und Feindschaft gegeneinander.

Durch das Einsetzen von bezahlten Predigern sind heutzutage die religiösen Zentren wie ein Geschäft geworden, das Falschheit, Heuchelei und Betrug auf Lager hat. Wahrheit, Glaube und Hingabe sind aus ihnen verbannt worden. Wahre Gott-Liebende distanzieren sich daher von solchen Missständen. Bulleh Shah[39] schildert den traurigen Zustand seiner Zeit mit ergreifenden Worten:

Dharamshalas (Orte der Verehrung) dienen Schwindlern als Umschlagplatz und Thakur-Dwaras (Gotteshäuser) müssen als Häuser für Gauner und Betrüger herhalten.

Moscheen beherbergen erbarmungslose Schlächter, während die wahren Gott-Liebenden von ihnen Abstand nehmen.

Die Saaten der Feindschaft und des Hasses zwischen den Menschen werden von jenen gesät, die selbst Opfer großer Unwissenheit sind. Gleich Pandora wissen sie nicht, welchen Schaden sie durch ihre unbedachten Äußerungen in der Welt anrichten. Menschen dieser Art werden in den Schriften als *Manmukh* oder Sprachrohr des Gemüts bezeichnet, denn sie agieren gedankenlos, und ihre Handlungen sind alle von egoistischer Gier geprägt und durchdrungen. Ihre Zungen ruhen nicht und schneiden links und rechts tiefe Wunden in die Herzen der Menschen und spritzen Gift tief in ihre Gemüter. Wer mit ihnen in Verbindung kommt und sich ihre Worte zu Herzen nimmt, wird nicht nur mit Uneinigkeit und Disharmonie angesteckt, sondern richtet seinen Blutdurst sogar gegen seine eigenen Angehörigen und Freunde. Die Muslime nennen solche Menschen *Kafir*, Ketzer.

Das einzige Ziel solcher Manmukhs (Sklaven des Gemüts) oder Kafirs (Ketzer) ist, sich Name und Ruhm zu verschaffen, um die legitimen Rechte anderer mit Füßen zu treten. Ihre Absicht dabei ist, unrechtmäßig Gewinne für sich anzusammeln und Macht und Reichtum zu gewinnen, die ihnen nicht wirklich zustehen.

Im Gegensatz zu Manmukhs oder Kafirs gibt es *Gurmukhs* (Sprachrohre des Gurus). Sie sind Vorbilder an Menschenliebe und Vorratsspeicher der Liebe. Sie lassen das wohltuende Licht der Liebe auf ihre Mitmenschen herabregnen. Sie erkennen die zugrundeliegende Einheit der ganzen Menschheit, die in den göttlichen Urgrund eingebettet ist. Der Islam bezeichnet solche Menschen als *Momins*. Sie achten und respektieren nicht nur den Propheten des Islam, sondern auch die Propheten aller anderen Religionen, deren Namen im Koran erwähnt sind und auch die, deren Namen nicht darin genannt werden. Sie sehen das grundlegende vereinende Band, das sich durch alles hindurch zieht, und schauen nicht auf die scheinbaren Unterschiede in unwesentlichen Dingen.

Die grundlegenden Wahrheiten

Sie sind in allen Religionen gleich und weisen denselben Weg. Die religiösen Grundsätze, ob sozial, ethisch oder spirituell, haben ein gemeinsames Ziel. Der Mensch sollte ein ethisches Leben führen, der Menschheit dienen, während seiner irdischen Existenz allen anderen helfen, sich selbst erkennen und dann Gotteserkenntnis und Gottesbewusstsein entwickeln, was letztlich zur Göttlichkeit führt.

Religion ist dem Begriff nach eine große bindende Kraft, die den Menschen wieder mit seinem Schöpfer verbindet, den er durch völliges Aufgehen in den alltäglichen Angelegenheiten ganz vergessen hat, da er sich mit der Welt identifiziert hat. Die Liebe zum Menschen und die Liebe zu Gott, wie auch der Glaube an Gott und die lebendige Verbindung mit der wirkenden Gotteskraft oder dem *Heiligen Geist, Ek-aunkar* oder dem *Wort* ist die universale Religion, die der Welt von Zeit zu Zeit durch die Heiligen gegeben wurde. Die Liebe ist ewig und für alle Epochen unwandelbar.

Alle Schriften der ganzen Welt lehren das gleiche, nämlich, dass man gute und gottgefällige Taten vollbringen und die rettende Lebensschnur im Inneren ergreifen und - vom *Tonstrom* getragen - die Heimat seines Vaters erreichen sollte. Gott ist das Ideal und man sollte Ihn mit Liebe und Hingabe anbeten. Die Menschen sollten einander in Liebe dienen.

Der heilige Paulus ermahnte immer die Menschheit:

> *Dienet einander in Liebe!*
> Galater 5,13

Die Veden sagen uns, dass wir uns an Gott erinnern und Ihn in Gemeinschaft anbeten sollen. (Atharv Veda: 3:30-5) Es gibt keine größere Tugend, als unerschütterlichen Glauben an Gott zu haben, sich mit Seinem Heiligen Wort zu verbinden und Seiner Schöpfung auf liebevolle Weise zu dienen. Das ist tatsächlich die wahre und universelle, ewige und unveränderliche Religion für die ganze Menschheit. Guru Arjan, der von der höchsten und heiligsten Wahrheit im Kern aller Religionen spricht, bezieht sich auf die Verbindung mit *Shabd Dhun*, dem Tonprinzip, das die erste Manifestation Gottes und die ursachenlose Ursache der ganzen Schöpfung ist.

> *Das Höchste und Heiligste in allen Religionen*
> *fordert uns auf, uns mit dem Wort Gottes zu*
> *vereinen und Gutes zu tun.*
> Guru Granth Sahib, Gauri M.5

> *Es gibt keine größere Tugend*
> *als vom Herrn zu singen*
> *(die Göttliche Melodie)*

44

und in der Gemeinschaft mit Seinen Auserwähl-
ten zu sein.

0 Nanak! Diese Gaben erhält man nur
auf Anordnung des Allerhöchsten
und nicht anders.

Guru Granth Sahib, Sorath M.5

Aus diesem Grund sammelte Guru Arjan, als er
die heiligen Schriften der Sikhs, den Granth Sahib,
zusammenstellte, darin genauso die Worte der verschiedenen Meisterseelen – von Hindus, Muslimen
und Sikhs – ohne darauf zu achten, welchen Beruf
oder soziale Stellung sie in ihrem Leben hatten. So
finden wir darin die Worte von Sant Kabir (einem
Weber), Naam Dev[40] (einem Kattun-Drucker),
Ravi Das[41] (einem Schuster), Dhanna Jat[42], Baba
Farid (einem muslimischen Gelehrten) und anderen aus der Khshatriya-Kaste[43]. Solche göttlichen
Seelen kommen ungehindert und frei, mit einer besonderen Mission in die Welt: die erlösende Gnade
Gottes an jene auszuteilen, die auf sie hören und
ihren Lehren folgen. Das ist ein Beweis dafür, dass
die Wahrheit eine ist, obwohl sie von verschiedenen
Weisen zu unterschiedlichen Zeiten und an diver-
sen Orten mit vielfältigen Namen benannt wurde.
Diese Meisterseelen, wann und wo immer sie auf
der Bühne des Lebens erscheinen, vermitteln der
irrenden Menschheit Humanität und Göttlichkeit.
Und sie erwecken in ihr die Liebe zum Menschen
und zu Gott. Vor allem aber stellen sie die Menschen auf den Pfad, der zurück zu Gott führt. Vom

Geist Gottes erfüllt, sind sie Freidenker und versuchen die Menschheit von den hermetisch abgeschlossenen und engen Begrenzungen versteinerter Religionen und Überzeugungen freizumachen, damit sich die Menschen im Sonnenschein Gottes wärmen und von Seiner Herrlichkeit singen können.

Die Heiligen kümmern sich um die Seele und nicht um die Körperhülle mit ihren unterschiedlichen konfessionellen Kennzeichen. Sie versuchen, die brüderliche Verbundenheit unter den Menschen aufzubauen und zu festigen. Sie erklären uns den Weg heraus aus dem Körper durch den Prozess des Zurückziehens der Seele und den Weg hinein in die jenseitige, geistige Welt durch die Verbindung mit dem Heiligen Geist oder Naam. Sie kommen, um die individuellen Seelen mit Gott zu vereinen und nicht, um diese Verbindung zu zerstören, wo immer sie bereits besteht.

Ihr einziges Ziel ist es, die ganze Menschheit in den seidenen Banden der Liebe zu vereinen und nicht zu spalten oder zu trennen. Maulana Rumi sagt uns, dass Gott Moses einmal mit folgenden Worten tadelte: *Ich habe dich in die Welt gesandt, um die Menschen mit mir zu vereinen und nicht, um jene vom rechten Weg abzubringen, die bereits mit mir verbunden sind.*

Den Gottmenschen stehen keine religiösen Schranken im Weg. Sie dienen als Leuchtfeuer im stürmischen Meer der Existenz. Tatsächlich haben sie Liebe zu allen Religionen und in Wirklichkeit geben sie ihnen allen Leben und Licht. Ohne das werden die Religionen im Laufe der Zeit allmählich farblos, beschränkt und leblos, wie ein Körper ohne den lebensspendenden Geist.

Guru Nanak zum Beispiel pilgerte ins ferne Mekka nach Arabien, nach Sangladip oder Ceylon im Süden, sowie nach Burma und China im Osten. Genauso wie die Hindus in ihren heiligen Orten Benares und Hardwar, ließ er überall die Menschen von seinen Lehren profitieren. Er trug die universale Botschaft der Vaterschaft Gottes und der Bruderschaft der Menschen überall hin.

Gottmenschen lieben alle Heiligen, die früheren und die gegenwärtig lebenden, ungeachtet des Glaubens oder der Hautfarbe. Gottberauschte Menschen sitzen wie Trinker in der Weinstube Gottes zusammen. Es bestanden brüderliche Beziehungen zwischen Guru Arjan, Hazrat Mian Mir[44] und Bhagat Chajju[45]. Guru Hargobind[46] errichtete für die Muslime eine Moschee für ihre Gottesverehrung. Guru Gobind Singh hegte die gleiche Liebe für Hindus, Muslime und Menschen aller anderen Konfessionen. Als er von den Mogulen[47] in der Ebene von Machhiwara[48] eingekesselt wurde, waren es Muslime, die ihm aus seiner kritischen Lage halfen und sein Leben retteten. Bhai Kanahya Singh, einer seiner Anhänger, versorgte sowohl die verwundeten Soldaten muslimischen als auch hinduistischen Glaubens auf dem Schlachtfeld mit Wasser und pflegte sie. Als sich unwissende Sikhs über sein angeblich verräterisches Verhalten beschwerten, sagte er seinem Meister, dass er in allen das gleiche Licht gesehen habe wie im Meister, während er mit seinem Wasserbehälter über das Feld gegangen sei, um den Dürstenden und Sterbenden zu dienen. Daraufhin segnete ihn der Guru, weil er seine Lehren richtig verstanden hatte.

Wenn einmal die Unwissenheit beseitigt ist,
fallen alle Unterschiede zwischen Hindus und
Muslimen und in der Tat zwischen Menschen
aller Konfessionen ab
und verschwinden wie ein Nichts.
Guru Gobind Singh

Gott ist der Urgrund und das Lebensprinzip der ganzen Schöpfung, selbst der Ketzer und Agnostiker. So wie Er alle liebt, so lieben auch die Heiligen, die in Seiner Farbe gefärbt sind, alle. Einmal nahm Moses mit jemandem ein Mahl ein und fühlte sich im Innersten betroffen, weil sein Gefährte nicht betete, bevor er aß. Gott aber rügte ihn, denn er hatte nicht mit einem anderen unzufrieden zu sein, den Er (Gott) in Seiner grenzenlosen Barmherzigkeit mit Nahrung versorgte. Solche Meisterseelen haben große und unbegrenzte Liebe für alle Menschen, es spielt dabei keine Rolle ob einige von ihnen die schlimmsten Sünder sind, die von der Gesellschaft am meisten Verachteten und Gehassten. Keiner hat das Recht, Gott seinen Vater zu nennen, solange er nicht bereit ist, seine Mitmenschen wie Brüder zu lieben. Alles Leben kommt von Ihm, und daher sollte man keinen Unterschied machen zwischen hoch und niedrig, zwischen Gläubigen und Ungläubigen. Jemand mag den Vater nicht kennen, das ist etwas anderes, er ist jedoch durch Ihn geboren, und das ist alles, was man wissen muss und wonach man handeln muss.

Riten und Rituale in den Religionen: Ihre verschiedenen Formen und ihr Wert

Riten und Bräuche wie auch Formen und Zeremonien spielen in jeder Religion eine wichtige Rolle. Die Unterschiede in Ritualen und Bräuchen und in den äußeren Formen und Zeremonien der verschiedenen Religionen werden durch unterschiedliche Bedingungen wie das Klima, das in den einzelnen Ländern vorherrscht, und die Lebensweise der Menschen bestimmt. Nehmen wir zum Beispiel Arabien, es ist ein Wüstenland. Wegen der Wasserknappheit wird es für den Araber als ausreichend angesehen, nur Gesicht, Hände und Füße zu waschen, bevor er betet. Wo gar kein Wasser zur Verfügung steht, reinigt er sie stattdessen mit Sand. Dieses Ritual ist als *Tayamum* bekannt. Ähnlich wird in Bikaner angenommen, einem weiteren Wüstengebiet im Nordwesten Indiens, wo Wassermangel herrscht, dass wenn jemand mehr als zehn Liter Wasser am Tag verbraucht, er sich wegen seiner Verschwendung vor Gott verantworten muss.

Im restlichen Indien und an anderen Orten, wo Wasser in Fülle vorhanden ist, würde sich keiner zur Meditation setzen, ohne vorher ausgiebig und nach Herzenslust gebadet zu haben. Im Westen betreten die Menschen die Kirchen mit Schuhen an den Füßen und nehmen ohne Kopfbedeckung am Gottesdienst teil. Im Osten ist es genau umgekehrt. Ein Orientale würde niemals einen Tempel oder eine *Gurdawara* (Sikh-Tempel) betreten und dem Gottesdienst beiwohnen, ohne seinen Kopf bedeckt und seine Schuhe ausgezogen zu haben. In beiden Fällen ist das Gleiche beabsichtigt: eine respektvolle und ehrfürchtige Haltung für heilige Orte zu zeigen. Infolge der klimatischen Bedingungen, wie dem kalten Klima im Westen und dem heißen im Osten, wurden in den unterschiedlichen Teilen der Welt auch andere Formen der Gottesverehrung angenommen.

Alle Bräuche und Rituale stehen im Zusammenhang mit dem menschlichen Körper und sind mehr oder weniger ein Teil des sozialen Verhaltens. Das eigentliche Ziel ist, in jedem Fall Reinheit und Achtsamkeit einerseits und eine respektvolle Haltung andererseits sicherzustellen, bevor man in die Gegenwart Gottes geht. Die äußeren Formen, die jemand annimmt, um dieses Ziel zu erreichen, sind für Gott bedeutungslos. Er liebt Seine Geschöpfe unabhängig davon, wie und auf welche Art sie angezogen sind, wenn sie zu Ihm kommen, so wie auch jeder irdische Vater seine Kinder liebt, ob sie nun kostbare Kleider oder Lumpen tragen. Hier erhebt sich wie von selbst die Frage: Wenn die Liebe die universale Religion für die gesamte Menschheit ist, wie konnten sich die Menschen dann in so viele engstirnige und hermetisch abgeschlossene Gruppen aufsplittern, obwohl die Grundlagen in allen Religionen einheitlich sind? Diese Aufspaltung in Gruppen ist auf die Unterschiede in den Glaubenssätzen zurückzuführen, die im Laufe der Zeit starr und unflexibel werden.

Als Guru Nanak nach Mekka reiste und die Verehrung des Höchsten Gottes predigte, sagten die Muslime, dass es zwischen seinen Lehren und denen des Islams keinen Widerspruch gäbe. Daraufhin erklärte Guru Nanak, dass die absolute Einheit das Zentrum seiner Lehren bildet, während ihre mit Einschränkungen umgeben seien und deshalb nur eine relative Einheit darstellten. Er sagte, dass Gott zahllose Propheten und Meisterseelen in die Welt geschickt habe, um von Zeit zu Zeit die Menschen zu leiten, und dass Er dies auch in Zukunft tun werde. Das Gesetz von Bedarf und Versorgung ist sowohl in der Natur als auch im Menschen immer wirksam, und so können der Gotteskraft keine Grenzen gesetzt werden, Mittler und Versöhner in die Welt zu senden. Auf ähnliche Weise entstanden von Zeit zu Zeit in den verschiedenen Ländern und Regionen der Welt religiöse Überlieferungen und Schriften wie die Veden, der Koran und die Bibel, und das wird auch nie enden.

Gott ist unendlich, und der Mensch als endliches Wesen kann unmöglich Seine Absicht und das

Wirken Seines Willens erkennen, noch kann er von Seinen grenzenlosen Tugenden angemessen singen. Je näher man Ihm kommt, desto größer wird Er in Seiner Macht und Herrlichkeit - zu tief für das menschliche Fassungsvermögen, um Ihn zu durchdringen und zu begreifen. Ein Fisch, der im Meer lebt, kann dessen Tiefe und Ausmaß nicht erkennen.

> *Du bist ein allwissender Ozean, und ich, eine unbedeutende Krabbe, kann Deine ungeheure Größe nicht ergründen.*

Guru Granth Sahib, Sri Rag M.1

Gott ist unendlich, und alle Vorstellungen der Endlichkeit, die Ihm zugeschrieben werden, sind ein Widerspruch in sich selbst - beides zusammen ist vollkommen unvereinbar.

Er schuf unzählige Brahmas, Vishnus, Shivas, Gorakhs und Naths, Ramas und Krishnas, Buddhas, Christusse und Mohammeds. Sie alle waren Fackelträger Seines Lichtes und es werden noch viele kommen - gemäß den Bedürfnissen und Erfordernissen der Zeit. Da der Mensch endlich ist, kann er unmöglich den Unendlichen und Seine ergründlichen Wege erkennen, durch die Er erreicht, was Er beabsichtigt.

Je weiter der Mensch in bloßem weltlichen Wissen und Gelehrsamkeit fortschreitet, desto mehr entfernt er sich von Ihm, und die Bereiche erhabener Herrlichkeit entschwinden seinen Blicken.

Gott ist tatsächlich unermesslich, doch wir begrenzte Wesen versuchen, Ihn mit messbaren und beschränkten Begriffen einzugrenzen. Denn solange wir nicht eins mit Ihm werden, können wir Ihn überhaupt nicht erkennen.

Du bist unermesslich.
Wie können wir als begrenzte Wesen
Dich, o Herr, erkennen?

Guru Granth Sahib, Sorath M.5

III. Der ideale Mensch

Der Mensch ist im Grunde ein soziales Wesen. Er ist in einer Gemeinschaft geboren und kann ohne sie nicht leben. Daher mischen sich die Meisterseelen nicht in das gesellschaftliche Leben des Menschen oder seine religiöse Lebensweise ein. Sie raten uns, im Rahmen der Gesellschaftsordnung, in der wir geboren sind oder zu der wir gehören, ein Leben der Reinheit und Keuschheit zu führen, unsere menschliche Natur, die wir als heiliges Gut von Gott erhalten haben, jedoch dabei nicht zu entmenschlichen. Die äußeren Unterschiede im Erscheinungsbild und der Lebensweise - ob sozial oder religiös - sollten das innere Leben des Menschen, das in den Tiefen jedes Herzens dasselbe ist, nicht beeinflussen oder stören. Meisterseelen befassen sich einfühlsam mit dem Menschen (dem Individuum im Gegensatz zum sozialen Wesen) und versuchen, ihm klarzumachen, wie wichtig es ist, Eigenschaften zu entwickeln, die ihn zu einem idealen Menschen machen - voller Liebe zu Gott als seinem Vater und zu Seinen Geschöpfen als seinen Brüdern. Sie sagen, der Mensch sollte einer ehrlichen Arbeit nachgehen, um sein Brot auf rechte Art zu verdienen, sowohl für sich als auch für seine Familie. Er sollte alle empfindenden Wesen lieben und sie mit liebevollem Mitgefühl behandeln.

Der Mensch ist das Höchste und die Krone der ganzen Schöpfung. Er ist eine verkörperte Seele.

Vom körperlichen Standpunkt aus gesehen, und auch vom Gesichtspunkt des Geistes, der vom selben Wesen ist wie Gott, sollte er so leben und handeln, wie es ein idealer Mensch tun würde.

Kabir teilt uns mit:

Die Seele ist von derselben Essenz wie Gott.

Der Mensch muss das Göttliche oder das Licht Gottes in sich offenbaren.

Daher sagt Christus:

Das Licht (des Geistes)
leuchtet in der Finsternis (Körper),
und die Finsternis hat es nicht begriffen.
Johannes 1,5

Achte also darauf, dass das Licht in dir
nicht Finsternis werde!
Lukas 11,35

Seid also vollkommen,
wie euer himmlischer Vater
vollkommen ist!
Matthäus 5,48

Mensch und Gott sind völlig ineinander eingebettet. Es ist darum die Pflicht des Menschen, um sich herum Gottes Licht auszustrahlen. Gott ist die Seele seiner Seele, und sein Körper ist der wahre Tempel Gottes. Ohne das Licht Seines Lebens ist die menschliche Gestalt nur eine Schale ohne Kern, nutzloser, wertloser „Abfall", nur dazu gut, um eingeäschert oder ins Grab gelegt zu werden.

> *Der Mensch ist verkörperte Wahrheit,*
> *denn die Wahrheit ist sein Leben.*
> *Wie kann der Mensch*
> *ohne das Licht der Wahrheit leben?*

Nochmals:

> *Gott spricht durch einen menschlichen Pol.*
> *Wie könnte Er ohne einen solchen Pol sprechen?*

Hazrat Attaar[49], ein großer muslimischer Heiliger, sagt:

> *O Mensch!*
> *Du bist der Mittelpunkt der Schöpfung.*
> *Der Makrokosmos ist in der Tat*
> *im Mikrokosmos deines Körpers.*
> *Du bist das lebendige Buch Gottes,*
> *denn in dir und durch dich allein*
> *spricht und offenbart sich Gott.*

Wenn der Mensch sich um seine verborgene Göttlichkeit kümmern würde und sie offen zu Tage treten ließe, sie wirklich im alltäglichen Leben praktisch umsetzen würde, würde diese irdische Welt, die voller Übel ist, ein wahrhafter Garten Eden, ein *Mukam-i-Haq* oder *Sach Khand* werden. Dann würde Sein Reich auf Erden kommen, genauso wie es im Himmel ist, worum die Christen und andere täglich eifrig beten.

Es liegt deshalb an uns, diese Welt in ein wahres Land der Frommen zu verwandeln, bevölkert von

Menschen, die reine Gefühle der Menschlichkeit in sich tragen und nicht Gefühle des Hasses, der Feindseligkeit, des Stolzes und der Vorurteile. Sie sollten unzugänglich sein für die Einflüsse des Bösen und die tierischen Leidenschaften, die den Menschen auf die Ebene der Tiere herabwürdigen. Dann würde es eine Welt freier und liebender Menschen sein, wo jeder die Rechte des anderen respektiert, ohne Raum für Gerichte, um über Streitigkeiten zu entscheiden, oder Polizei, um den Frieden zu wahren oder Armeen, die vor Angriffen schützen. Die Bewohner der Erde wären dann die Verkörperungen des Lebens und der Liebe Gottes. Sie würden frei und furchtlos in reiner Göttlichkeit im himmlischen Licht des Landes der Gottesfürchtigen und Reinen (Pakistan) und Rechtschaffenen (Khalistan) wandeln. Das Ideal der Heiligen ist es nicht, die Welt zu entvölkern, sondern sie zu humanisieren.

Das wahre Ideal für den Menschen ist es, vollkommen und vollendet zu sein. Das würde ihn vom unvollkommenen, verkümmerten Menschen unterscheiden, der das Göttliche in sich überhaupt nicht kennt, völlig zerrissen durch kleinliche Eifersüchteleien, Habsucht, Gier, Feindschaft, gegenseitige Schuldzuweisungen und alle Arten von Untugenden - eine wahre Wohnstatt des Bösen - so wie es derzeit ist.

Der heilige Paulus sagt:

Ihr seid vollendet im Göttlichen.

Jede Religion empfiehlt die Verehrung vollendeter Menschen, die eins mit Gott sind. In der Bhagavad Gita heißt es, dass die Wurzeln der Schöpfung im Himmel liegen, ihre Zweige aber bis zur Erde reichen. Genauso ist es beim Menschen. Auch seine Wurzeln sind im Göttlichen eingepflanzt, obwohl er auf Erden lebt und handelt. Hinter dem sichtbaren Bewusstsein, das in der Welt wirkt, liegt das ganze Geheimnis der antreibenden Kraft - der große Dynamo, ohne den das äußere Bewusstsein nicht wirken kann. Wir nehmen diesen äußeren Ozean des Bewusstseins nur soweit wahr wie er auf der Ebene der Sinne wirkt. Der größte Teil aber liegt an der Wurzel, am Augenbrennpunkt, dem Sitz der Seele im Innern verborgen, und über den wissen wir nicht das Geringste. Daher ist es nicht verwunderlich, dass die Meister die Selbsterkenntnis besonders betonten und verkündeten, man solle vor allem anderen über sein bewusstes Selbst Bescheid wissen.

Von Zeit zu Zeit kommen Meisterseelen in die Welt, um uns die grundlegende Wahrheit vom idealen Menschen nahe zu bringen - dass man allumfassende Vollkommenheit erlangen muss. „Erkenne dich Selbst" ist immer ihr Motto und ihr Appell an die Menschheit gewesen, die in großer Unwissenheit steckt und für die höheren spirituellen Kräfte, die in ihr schlummern, vollkommen unempfänglich ist. "Gnothi seauton" war bei den Griechen ein Glaubenssatz und "nosce te ipsum" bei den Lateinern. Ihr Ruf war: Erwache, erhebe dich und ruhe nicht, bis das Ziel erreicht ist.

Alle zehn Sikh-Meister, von Guru Nanak bis zu Guru Gobind Singh, stellten dem indischen Volk das Ideal eines *Sikh* (eines wahren Schülers) und eines *Khalsa* (eines Reinen) vor, die der Menschheit selbstlosen Dienst erweisen, geboren aus wahrer Liebe für die Menschheit. Das bildet die Grundlage des spirituellen Lebens und weckt die im Menschen schlummernde spirituelle Sehnsucht, indem sie ihn allmählich von enger Bigotterie und falschem Stolz befreit.

Die Muslime vermittelten der Welt das Bild des idealen Menschen in der Form des *Momin* und die Christen in der des *Puritaners* (gemeint ist hier ein einfach, nach innen gekehrt lebender Mensch mit hohen ethischen Idealen). Alle Meisterseelen betonten wie notwendig es ist, einen höchsten idealen Zustand im Menschen zu entwickeln, um ihn weit über die Ebene der Sinne, auf die Ebene eines höchst entwickelten Menschen, zu erheben.

Iqbal[50], ein großer Urdu-Dichter des Punjab, sagt:

> *Moses ging auf den Berg Sinai,*
> *um die Herrlichkeit Gottes zu erfahren,*
> *weil er sich des großen Mysteriums*
> *im Inneren nicht bewusst war.*
> *O Sucher nach der Wahrheit,*
> *suche einen vollkommenen Menschen,*
> *denn auch Gott sucht einen,*
> *der Ihn in der Welt wirklich offenbaren kann.*

Alle Schriften und alle Weltlehrer betonten die Größe des Menschen, denn er hat großes Potenzial in sich, das er, wenn er will, in jedem beliebigen Ausmaß entfalten kann und das ihn dann zum Göttlichen führt. Macht und Reichtum der Welt sind nichts im Vergleich zu den spirituellen Schätzen, die im Inneren des Menschen liegen. Stattdessen wandert er unwissend umher, wie ein Bettler, der nach Kieselsteinen sucht, und vergeudet am Ende sein kostbares Leben für solchen Plunder.

Auch Ruskin[51] bringt diesen Gedanken zum Ausdruck:

> *Es gibt keinen Reichtum außer dem Leben, dem Leben mit all seinen Kräften der Liebe, Freude und Hochachtung. Jenes Land ist das reichste, das die meisten edlen und glücklichen Menschen nährt. Jener Mensch ist der reichste, der die Aufgaben seines Lebens am vollkommensten erfüllt und darüber hinaus den größten hilfreichen Einfluss auf das Leben anderer hat, persönlich und durch das, was er besitzt.*

IV. Spiritualität – warum wir sie brauchen

Wohin man sich auch wendet, überall herrschen starke Spannungen, Angst und Ungewissheit.
Die eigentliche Ursache dieses allgemeinen Chaos ist die Ruhelosigkeit im Gemüt jedes Einzelnen. Der Mensch hat auf verschiedenen Gebieten des Lebens enorme Fortschritte gemacht. Leider hat er sich nicht darum gekümmert, etwas über den Geist im Inneren zu erfahren und weiß daher überhaupt nichts darüber. Er hat die Geheimnisse des Sternenhimmels enträtselt, die Tiefen der Meere ergründet, er hat weit ins Erdinnere gegraben und trotzt den blendenden Schneestürmen des Mount Everest. Nun ist er darauf aus, den Weltraum zu erforschen, um interplanetarische Beziehungen herzustellen. Doch leider muss man sagen, das Geheimnis der menschlichen Seele in seinem Inneren hat er nicht herausgefunden. Die Frage aller Fragen hat er immer ignoriert und ist den entscheidenden Fragen des Lebens, die sich auf die Selbsterkenntnis oder das Wissen der Seele beziehen, gezielt ausgewichen, als ob sie für ihn von keiner Bedeutung wären.

Ein Mensch mag alle Reichtümer der Welt besitzen, aber wenn er nichts über seine eigene Seele weiß, ist all das nutzlos. Der eigentliche Sinn allen Wissens ist, dass man sich selbst erkennt. Ein muslimischer Heiliger sagte in diesem Zusammenhang:

> *Das A und O allen Wissens ist nur eines:*
> *Dass man den wirklichen Wert seiner Seele*
> *erkennt.*

Du kennst den Wert von allem anderen,
doch welche Torheit,
dass du deinen eigenen Wert nicht kennst.

In allen Belangen des Lebens haben wir wunderbare Fortschritte gemacht, aber bedauerlicherweise fehlt es uns an Selbsterkenntnis, in deren Licht und Leben wir leben und unser Sein haben. Weil wir die lebendige Wirklichkeit in uns nicht kennen, ist es kein Wunder, dass wir uns selbst zu Narren gemacht haben.

Auch Christus sagte das Gleiche:

Was nützt es dem Menschen, wenn er die ganze
Welt gewinnt, dabei aber seine Seele verliert?
Matthäus 16,26

Ein Teil bleibt nur so lange ein Teil, bis er im Ganzen aufgeht, und in seiner Quelle oder seinem Ursprung seine eigene Individualität verliert. Ein Bergbach auf seinem Weg nach unten sprudelt, tost und schäumt, bis er sich ins Meer ergießt. Genauso ist es auch mit dem individuellen Geist. Da er nicht über seine eigentliche Natur Bescheid weiß, kennt er nicht einmal seinen eigenen Ursprung. So tost und schäumt er, weil sein Fluss des Lebens sein steiniges Bett entlang strömt, das mit Geröll und großen Steinen unter Wasser durchsetzt ist. Unsere individuelle Ruhelosigkeit spiegelt sich in der Rastlosigkeit wieder, die wir unter den Völkern der Erde finden. Der Mensch hat die große, grundlegende Wahrheit vergessen, dass Gott der Vater aller ist und alle Menschen Brüder. Daher kommt all der Konflikt zwischen Menschen, Gruppen, Gemeinschaften und Ländern.

Die dringende Notwendigkeit der Stunde ist, der alten Wissenschaft der Spiritualität eine neue Ausrichtung zu geben und den Menschen zu erklären, wie sie ein spirituelles Leben führen können. Die ganze Menschheit ist in Unwissenheit versunken. Die meisten Menschen der Welt führen ein rein egoistisches Leben und sind danach aus, sich auf Kosten anderer zu bereichern. Aber zugleich sind sie so verwirrt, als wären sie zwischen zwei Mühlsteinen gefangen - erstens der Wahrheit, die durch die Meister wissenschaftlich erklärt und vermittelt wird und zweitens den strengen Glaubenssätzen oder starren Überresten der Religion, die oft von unwissenden religiösen Fanatikern gelehrt werden. Sogenannte Lehrer und Prediger, die die irrende Menschheit richtig leiten sollten, sind selbst Opfer der großen Täuschung und wissen nicht, wo sie stehen und was sie tun müssen.

Die meisten von uns fühlen sich vom Zauber des äußeren Lebens, dem Leben der Sinne, unwiderstehlich angezogen. Sie glauben tatsächlich an die epikureische Lehre: iss, trink und sei vergnügt. Wir glauben, dass wir Gott, die Essenz des ganzen Universums, überhaupt nicht brauchen. Wir haben unseren Glauben an der Schale der Nuss festgemacht und sehen den inneren Kern nicht. Wir wollen die Schale zu uns nehmen und nicht den süßen, köstlichen Kern, den sie mit ihrer harten Hülle beschützt. Auch unsere sogenannte Suche nach Gott beschränkt sich auf die Ebene der Sinne und die äußere Welt. Wir suchen Ihn auf schneebedeckten Bergspitzen, in den Wassern heiliger Flüsse, im brennenden Wüstensand, in Tempeln, Moscheen, Kirchen - aber dort finden wir Ihn nicht. Je mehr wir Ihn im Äußeren suchen, desto mehr entgleitet Er uns. Er ist jetzt für uns praktisch nicht mehr erreichbar, und wir haben allen Glauben an Ihn verloren.

O, ihr Sucher nach Gott! Ihr habt Gott verloren.
Ihr habt Ihn im Strudel der Sinne verloren.

Von Zeit zu Zeit kommen Meisterseelen in die Welt, um die irrende Menschheit, die in einer solchen misslichen Lage ist, zu leiten. Ihre Botschaft ist die der Hoffnung und nicht der Verzweiflung. Sie kommen nicht, um das Gesetz aufzuheben, sondern um es zu erfüllen – es ist das Prinzip der Erlösung durch Gnade. Sie haben grenzenlose Liebe für alle Religionen und sagen nichts gegen irgendeine Religion. Auf der anderen Seite versuchen sie, alle Religionen gleichermaßen neu zu orientieren und frisches Blut in ihre blutarmen Bereiche zu übertragen, die absterbenden Nerven und Zellen wiederzubeleben, ihnen den Lebensimpuls einzuflößen und sie wieder auf den hohen Stand zu bringen, von dem sie heruntergefallen sind. Sie geben lediglich die richtige Führung und weisen auf den richtigen Weg hin, der innen liegt und nicht außen, der der älteste Pfad (Sanatan) ist - genauso alt wie die Schöpfung selbst - und der natürlichste Weg (*Sahaj*). Es ist der Weg, den der Schöpfer selbst festgelegt hat; er ist nicht vom Menschen geschaffen. Sie sagen uns, dass Gott existiert und dass alle Religionen, die vom Menschen geschaffen wurden, nur ein Ziel haben: Gott näher zu kommen.

Das Wort Religion stammt von der lateinischen Wurzel „ligare", mit seiner Ableitung ligament, das binden bedeutet. Die Vorsilbe „re" heißt wieder. Die Bedeutung ist also wieder zu verbinden, was getrennt, entzweit und gelöst wurde. Mit anderen Worten, die Seele mit der Überseele oder Gott - oder wie auch immer man die Quelle, den Ursprung allen Lebens nennen mag - wieder zu verbinden.

Wahre Religion in diesem Sinne ist das gemeinsame Erbe der Menschheit, und nur der ist wirklich religiös, ein wahrer *Bhagat* oder Ergebener, ein wahrer Sikh, wahrer Moslem, ein wahrer Christ, der seine Seele mit der Gotteskraft im eigenen Inneren verbunden hat. Die Erlöser sagen uns, dass der menschliche Körper der wahre Tempel Gottes ist, denn Gott schuf den Menschen nach Seinem Bilde. Der Geist (die Seele) und Gott (die Überseele) wohnen beide in diesem Körper, aber leider sind sie durch den stählernen Vorhang des Egoismus oder des sich selbst behauptenden Willens im Menschen voneinander getrennt.

Beide wohnen eng beisammen
im selben Zuhause.

Doch so seltsam es auch erscheinen mag,
sie haben niemals miteinander gesprochen.

Guru Granth Sahib, Gauri M.5

Anders gesagt, die Braut (die Seele) und der Bräutigam (Gott) liegen im gleichen Brautbett, doch durch all die Zeitalter hindurch hat einer das Gesicht des anderen nie gesehen.

In ein und demselben Bett liegt der Geliebte,
aber, o weh,
die Braut schläft tief,
während der Gemahl die ganze Zeit
über ihr wacht.

Guru Granth Sahib. Suhi M.5

Leider verlieren im Laufe der Zeit alle Religionen die ursprüngliche Idee aus den Augen und werden zu einem reinen Verhaltenskodex oder höchstens zu einer Sammlung ethischer und moralischer Prinzipien. Die Heiligen greifen bei den verhärteten Überresten der Religionen nicht ein, denn der Mensch muss sich notwendigerweise an die eine oder andere Gesellschaftsordnung anpassen und darin leben. Sie verweisen auf das ursprüngliche, gemeinsame Ideal aller Religionen - den Inneren Weg zu Gott - und sagen uns, wie wir Gott erreichen können.

V. Religion: was sie ist - und was aus ihr wurde

Weit davon entfernt, ein Leitfaden spiritueller Wahrheiten zu sein, versteht man heutzutage unter Religion das Studieren der Schriften, Erzählungen und Biografien der alten Weisen, das nötige Wissen über die Existenz Gottes durch Schlussfolgern zu erlangen, sowie die Aufzeichnungen und Auslegungen der verschiedenen Geistesschulen zu lesen, wie sie die Philosophen zu unterschiedlichen Zeiten und in verschiedenen Teilen der Erde gemacht haben.

Manche Menschen versuchen, das neue Denken mit dem alten in Einklang zu bringen. Andere hingegen betonen die Regeln für das soziale Zusammenleben und die ethischen Grundsätze als den Kern der Religion. Selbsternannte sogenannte „religiöse Vordenker" befassen sich damit, die Wichtigkeit des einen oder anderen Lehrsatzes zu proklamieren, an den sie sich hartnäckig klammern. Manche sind der Meinung, dass Erlösung durch blinden Glauben an die alten Meisterseelen erlangt werden kann, die ihre Rolle längst gespielt haben und diese irdische Sphäre schon vor Hunderten oder Tausenden von Jahren verlassen haben. Jeder von ihnen verfolgt so eifrig seinen eigenen Weg, dass er die tatsächliche Wahrheit aus den Augen verloren hat. Das Ergebnis davon ist Intoleranz, Verfolgung, Inquisitionsgerichte, Pranger, Verbrennen auf dem Scheiterhaufen, usw. – und was das Schlimmste ist, all das geschieht im heiligen Namen der Religion.

In Wirklichkeit ist Religion der Weg zurück zu Gott oder das Verbinden der Seele mit der Überseele. Sie ist der Weg, der Pfad, der die Seele zu Gott führen sollte. Aber leider aufgrund engherziger Vorurteile, durch benebeltes Verstehen und Kleingeistigkeit denkt man heute, dass es ausreicht, bestimmte Riten und Rituale zu befolgen, gute Werke zu tun, sich besonders zu kleiden, bestimmte Zeichen am Körper zu tragen und von der Geburt bis zum Tod verschiedene soziale Verhaltensregeln zu beachten; oder spezielle Mantren zu singen und bei besonderen Gelegenheiten Verse aus den Schriften zu rezitieren.

Während die ganze Welt auf die eine oder andere Weise mit äußeren Aktivitäten befasst ist, liegt das Reich Gottes vernachlässigt im Innern - eine verlorene Provinz - und nicht einer wendet sich ihm zu. Die Meisterseelen weisen auf dieses Königreich hin, und auch alle Schriften sprechen von ihm in eindeutiger Sprache. Wir haben jedoch die Wirklichkeit nicht begriffen, weil praktisch verwirklichte Menschen fehlen, welche die Wahrheit erkannt haben, indem sie alle körperlichen und mentalen Begrenzungen hinter sich ließen. Die Religion hat ihre wahre Bedeutung verloren und ist nun mit einem großen zeremoniellen und ritualisierten Wortschwall überdeckt.

Es gibt kaum einen Menschen, der uns über den

Weg im Inneren des Körpers etwas erzählen kann, über die Methode, wie man ihn findet und über die Voraussetzungen, die der Sucher erfüllen muss. Vor allem gibt es kaum jemanden, der unfehlbar und sicher auf dem Weg von Ebene zu Ebene führen kann, bis das Ziel erreicht ist. Andererseits gibt es viele Lehrer, die uns täglich begegnen und die uns nicht helfen können, aus der großen Täuschung herauszukommen. Sie verlangen von uns, Vertrauen in die Lehren des einen oder anderen alten Weisen zu haben. Sie können uns aber nichts über den Weg erzählen, durch den jene Weisen die Wahrheit verwirklicht haben, und wie wir das auch tun können. Oder sie verkünden, dass die eine oder andere der Schriften eine direkte Offenbarung Gottes ist, und bestimmen, dass diese Schrift zu studieren eine Disziplin ist, mit der sich die Seele befassen muss. Aber es ist ihnen kaum bewusst, dass ein bloßer Bericht über die spirituellen Erfahrungen ihrer Verfasser uns nicht das bringen kann, was sie erlangten, solange wir nicht fähig sind, dieselben Erfahrungen zu machen.

Die Schriften können uns vom Weg berichten, der herausführt, und können sogar die innere Reise beschreiben - sie können uns aber nicht wirklich auf den Pfad stellen, unsere Zweifel auflösen und uns von einer Ebene zur anderen führen. All das kann man mit Worten nicht erreichen. Sie können uns auch nicht vor den Fallstricken und Gefahren schützen, die auf dem Weg lauern. Gelehrt wie diese Leute sind, können sie die Schriften zitieren und damit ihre Behauptungen untermauern. Sie sind jedoch absolut verloren, was die praktische Schulung und Führung betrifft, die für die Selbsterkenntnis und Gotteserkenntnis erforderlich ist. Sie wissen davon ebenso wenig wie ihre Zuhörer und ihre Anhänger.

Die Wahrheit ist: solange ein Mensch nicht in vollem Bewusstsein seine Seele mit der Überseele verbinden kann, werden ihm alle seine Werke und Taten (individuell oder sozial), so verdienstvoll sie auch immer sein mögen, nicht viel nützen.

Gott ist der Ozean höchster und friedlicher Stille. Solange wir diese ruhevolle Stille nicht in uns erlangt haben, kann die Seele die *Stimme der Stille* nicht hören, die sich aus der tiefsten Tiefe der Stille erhebt.

Wenn wir jener Stimme folgen, können wir den Ursprung, die Quelle der großen Stille - Gott genannt - erreichen und sind dann für ewig gesegnet.

Diese große Stille ist die Wirklichkeit, unwandelbare Beständigkeit, die Wahrheit oder Gott, man mag sie nennen, wie man will. Die individuelle Seele kann sie erfahren und verwirklichen. Das Gemüt und der Intellekt jedoch können sie nicht begreifen, da beide durch Zeit, Raum, Kausalität etc. begrenzt und allein durch sie charakterisiert sind und in der äußeren Welt wirken.

Man kann in den inneren grenzenlosen Ozean eintauchen, aber nicht einmal durch kühnste Fantasie kann man sich eine Vorstellung davon machen.

Man kann Ihn nicht durch den Verstand erfassen,
denkt man selbst für Ewigkeiten nach.
Man kann durch äußeres Schweigen
nicht inneren Frieden erlangen,
bliebe man selbst Ewigkeiten stumm.

Jap Ji I Str. 1

Solange wir auf die Sinnesebene beschränkt sind, können wir Gott nicht erfahren. Nur wenn wir die Sinne, das Gemüt und den Intellekt überschreiten, können wir - weit jenseits der physischen, mentalen und kausalen Ebenen - die Verwirklichung höchster Glückseligkeit erleben.

Erhaben ist Gott und erhaben Sein Haus,
noch erhabener ist Sein heiliges Wort.
Wer Seine Höhe erreicht,
der allein mag Ihn erblicken.

Jap Ji I St. 24

Nur mit den Flügeln der Liebe und Hingabe können wir Gott erreichen und nicht durch intellektuelles Ringen und die Fantasie. Zuerst müssen wir durch ständige Übung einen Zustand reinen Bewusstseins erlangen, unbehindert von den Schwankungen des Gemüts und der Gedankenströme, die ständig und unbemerkt über die Seele hereinbrechen und sie damit in ihrem Griff halten. Spirituelles Leben bedeutet Vereinigung der Seele mit der Überseele.

Es ist nicht eine Sache des Intellekts, obwohl er ein Sprungbrett oder ein Mittel zum Zweck ist.

VI. Spiritualität im Vergleich zu Religion

Spiritualität ist ein anderer Name für *Surat Shabd Yoga*. Mit anderen Worten, sie bedeutet die Vereinigung des *Surat* (Bewusstsein oder Seele) mit *Shabd* (Tonprinzip, Tonstrom oder die wirkende Gotteskraft). Sie ist eine innere Erfahrung der Seele und geht weit über das hinaus, was uns verschiedene Glaubensrichtungen und Konfessionen zu sagen haben oder uns zu geben versprechen. Diese Wissenschaft ist als *Sant Mat* oder Pfad der Meister bekannt. Sie berichtet uns von den Grundlagen der Spiritualität und übertrifft bei Weitem die Religionen, so wie wir sie heute kennen. Diese lehren uns lediglich Theorien und Glaubenssätze. Sie befassen sich vielfach mit falschen Vorspiegelungen und übernatürlichen Kräften und manch anderem. Eine Wissenschaft, die nicht zu vernünftigen Schlussfolgerungen kommt, ist keine wahre Wissenschaft. Blinder Glaube und blindes Vertrauen haben keinen Platz in einer spirituellen Wissenschaft, die Ergebnisse mit mathematikartiger Genauigkeit erbringen sollte - wie jede andere Wissenschaft auch. Wo und wann immer Menschen in dieser Wissenschaft experimentierten, haben sie allesamt ihre Erfahrungen bekannt gegeben und sind zu den gleichen Ergebnissen gekommen.

Das spirituelle Leben besteht darin, dass man Stück für Stück die verschiedenen *Koshas* oder Hüllen ablegt - die physische, die astrale und die kausale -

die den Geist bedecken. Schließlich erstrahlt er in seiner ursprünglichen Pracht (selbstleuchtend und schattenlos), findet zu sich selbst und sagt: *Ich bin die Seele, Aham Brahm Asmi* (Ich bin Brahma) oder *Tat twam asi* (Ich bin so, wie Du bist). Ich bin ein Tropfen aus dem Ozean des All-Bewusstseins.

Erst wenn dieses Bewusstsein im Geist erwacht, eilt er unaufhaltsam seiner Quelle oder seinem Ursprung entgegen - dem Ozean ewiger Glückseligkeit. Das wird *Jivan Mukti* (Erlösung während des Lebens oder Ewiges Leben) genannt. Wenn der Mensch in der Farbe Gottes gefärbt ist, offenbart sich in ihm wahre Göttlichkeit in Gedanken, Worten und Taten. Er wird zur ewigen Quelle des Lebens, der Liebe und des Lichts für die gesamte Menschheit.

> *Vater und Sohn sind in derselben Farbe gefärbt und wirken entsprechend demselben Gesetz für die Menschheit.*
> Guru Granth Sahib, Rag Bhairon M. 5

> *Der geringe Nanak ist das Sprachrohr seines Geliebten.*
> Guru Granth Sahib, Rag Gauri Sukhmani M.5

> *0 Lalo, ich öffne den Mund nur, um jenen Gedanken freien Lauf zu lassen oder sie auszudrücken, die ohne nachzudenken in mir hochkommen.*
> Guru Granth Sahib, Rag Tilang M.l

Wann immer eine Meisterseele den Mund öffnet,
tut Er es, um die Worte Gottes oder Allahs auszu-
sprechen,
obwohl die Stimme menschlich zu sein scheint.

Maulana Rumi

Christus sagt:

Ich und mein Vater sind eins.

Johannes 10,30

Alles ist mir von meinem Vater übergeben
worden.
Matthäus 11,27

Ich bin im Vater und der Vater ist in mir.

Johannes 14,11

Die Worte, die ich zu euch sage, spreche ich nicht
aus mir selbst heraus. Der Vater, der in mir
wohnt, tut die Werke.

Johannes 14,10

Wenn ein Wassertropfen seine Identität im Ozean verliert, wird er ein Bestandteil des Ozeans. Genauso bleibt auch der Geist, wenn er einmal in das Göttliche eintritt oder in Gott eintaucht, nicht länger ein individueller Geist für den Rest der ihm zugeteilten Spanne seines physischen Lebens, sondern wird zum Bestandteil Gottes, dem Ozean des Lebens. All dies kann nur durch die Gnade einer Meisterseele erlangt werden, und so wird die mühsame Reise nach Hause ganz leicht und problemlos bewältigt werden. Es ist dem Menschen nicht gegeben, dass er das selbst ohne Hilfe eines Satgurus erreichen kann.

> *Es ist das grundlegende Gesetz Gottes,*
> *dass keiner ohne die Hilfe eines Satgurus*
> *gottwärts gehen kann.*
>
> Guru Granth Sahib, War Bihagra M.4

Es gibt einen und nur einen Weg zurück zu Gott, der für alle derselbe ist: ob reich oder arm, hoch oder niedrig, gebildet oder ungebildet, ob vom Osten oder vom Westen, ob Lappländer des Nordens oder Buschmänner des Südens. Er ist der älteste und natürlichste Weg und spricht jeden an, da er von Gott Selbst für Seine Kinder bestimmt wurde, ganz gleich, wo sie leben, zu welcher Religion sie sich bekennen und welche Nationalität, Stand oder Weltanschauung sie haben. Das ist im Wesentlichen das, was die spirituelle Wissenschaft umfasst, wie sie von den Meisterseelen in verschiedenen Epochen gelehrt wurde - entsprechend den Bedürfnissen der Zeit, in der sie lebten, und in der jeweils gebräuchlichen Sprache des Volkes; daher die grundlegende Gemeinsamkeit ihrer Lehren.

Ein Text aus den Upanischaden besagt:

> *Die Wahrheit ist eine, obwohl sie von den Weisen*
> *verschieden beschrieben wird.*

Die Heiligen wirken als Steuermann im stürmischen Meer des Lebens. Sie nehmen die Bürde auf sich, aufrichtige Seelen von Untiefen und versteck-

ten Felsen fernzuhalten und geben sich nicht zufrieden, bis diese sicher in die Heimat des Vaters
zurückgebracht sind. Sie kommen von weit her, aus
einem rein geistigen Reich, mit einem festgelegten
Ziel und einer bestimmten Aufgabe: die weltmüde
Pilger-Seele zu führen, die bestrebt ist, die Wiedervereinigung mit der Quelle und dem Ursprung des
Lebens zu erlangen.

> *Sie sind Göttliche Seelen,*
> *gehüllt in menschliche Gestalt,*
> *und kommen mit göttlichem Wissen.*
> *Sie kommen von unbekannten Orten,*
> *um die Seelen zu leiten,*
> *und haben immer nur die Heimreise im Sinn.*

Maulana Rumi

Die Schriften sind voll von den spirituellen Erfahrungen solcher hohen, heiligen Seelen und bilden
ein gemeinsames Erbe der Menschheit. Ihre Anweisungen sind für alle die Gleichen, denn sie wenden
sich an die gesamte Menschheit und nicht nur an
die eine oder andere soziale Gemeinschaft oder bestimmte Gruppe.

Sie sprechen von der Ebene der Seele aus zu allen
verkörperten Seelen, ungeachtet ihrer konfessionellen Kennzeichen und Nomenklatur, denn Gott
gehört denen, die Ihn als ihr Eigen beanspruchen.

> *Er ist einzigartig und losgelöst,*
> *aber mit Seinen Ergebenen ist Er verbunden.*

*Alle anderen sind an die Welt gebunden
und haben keine Hingabe an den Herrn.*

Guru Granth Sahib, Sorath Ravidas

Der Surat Shabd Yoga strebt die direkte Vereinigung der Seele mit Gott an. Bei der Initiation gibt der Meister dem Aspiranten eine direkte, innere Erfahrung der Spiritualität, wie gering sie auch sein mag. Sie kann im Laufe der Zeit durch regelmäßige spirituelle Übung (Sadhan) weiterentwickelt werden. Alle Schriften enthalten Aufzeichnungen über die Lehren dieses natürlichen Yoga, das nicht irgendeiner bestimmten Glaubensrichtung oder Religion vorbehalten ist. Da Gott für die ganze Menschheit da ist, sind auch die Meister dieser Wissenschaft für alle da. Wenn man auf dem geistigen Weg fortschreitet, eröffnen sich ungeahnte Ausblicke und enthüllen spirituelle Bereiche, von denen man noch nicht einmal geträumt hat. Derartige Erfahrungen sind nur durch die Gnade eines Satgurus möglich.

Kurz gesagt, keiner kann ohne die Hilfe von einem unfehlbaren Reiseführer den Weg zu Gott beschreiten. Man mag ihn nennen, wie man will: einen Gottmenschen, einen *Murshid-i-Kamil* (vollendeter Meister) oder einen *Rahbar-i-Haq* (jemand der uns ins Reich der Wahrheit führt). Es ist daher absolut notwendig, dass der Wahrheitssucher nach einem vollkommenen Meister sucht, der in der Theorie und auch in der Praxis des Surat Shabd Yoga versiert ist. Es ist dabei nicht von Bedeutung,

77

ob jemand für die Suche nach einem kompetenten Meister sein ganzes Leben aufwendet und dabei in alle zehn Himmelsrichtungen von einem Ort zum anderen wandert, denn schmal ist der Pfad und schärfer als eine Rasierklinge. Eng ist das Tor, und nur wenige gibt es, die es finden. Ein vollkommener Meister leitet die Seele tatsächlich aus der Dunkelheit zum Licht, aus der Unwahrheit zur Wahrheit und vom Tod zur Unsterblichkeit. Er ist ein unfehlbarer Freund auf Erden und im Jenseits.

Er bleibt immer bei dir, ob du lebst oder stirbst, gleich, ob du hier auf Erden bist oder im Jenseits.
Maulana Rumi

Sogar am Ort des Gerichtes wird Er dir zur Seite stehen.
Guru Granth Sahib, Suhi M.1

Darum heißt es:

O Nanak, sprenge alle irdischen Bande und suche nach einem wahren Freund. Der eine wird dich schon im Leben verlassen, während der andere dich selbst im Jenseits begleiten wird.
Guru Granth Sahib, Maru WarM.5

In ihrer Gemeinschaft kann man das Körperbewusstsein überschreiten und sich ins kosmische Bewusstsein und danach ins Überbewusstsein erheben, das weit jenseits der Grenzen der *großen*

Auflösung[52] liegt und ewig gleich bleibt. All unsere Mühen und Sorgen sind die Folge unserer Trennung von der Gotteskraft, aber durch das Wiedereins-werden mit ihr können wir das Reich Gottes wiedererlangen. Durch die Schuld des ersten Menschen (Adam) haben wir den Garten Eden verloren, und durch den *Ersten Menschen* (den Sohn Gottes) kann man die Versöhnung mit dem Vater (dem Geist Gottes) hinter dem sonst undurchdringlichen Schleier der Dunkelheit (*Bajjar Kapat*) hinter den beiden Augen erlangen. So erfreut sich die Seele ewiger Glückseligkeit, während sie sich im Lichte des Himmels sonnt.

Farid, ein muslimischer Heiliger von großem Ansehen, erklärt nachdrücklich:

> *O Farid, beginne eine weltweite Suche nach*
> *einer Meisterseele, und hör damit nie auf,*
> *suche oben und unten, rechts und links, überall.*
>
> *Und wenn du einmal einen Menschen der Gnade finden konntest,*
> *dann wirst du die Gnade auch erhalten.*

So jemand zeigt uns nicht nur den Weg und ist immer mit uns, sondern führt uns natürlich von Ebene zu Ebene, von der irdischen, physischen Welt bis Sach Khand, der Heimat der Wahrheit.

Wenn der Geist den physischen Körper überschreitet und vorangehende Regionen der Sterne, der Sonne und des Mondes überquert, steht er der strahlenden Form des Meisters von Angesicht zu

Angesicht gegenüber. Und dann heißt es, dass er die zweite Geburt erlangt hat. Von da an übernimmt der Meister die Seele und bringt sie von Ebene zu Ebene. Auch Christus spricht wie folgt davon:

Solange du nicht von neuem geboren wirst, kannst du nicht in das Königreich Gottes eintreten.

Das ist die Geburt im Geist zum Unterschied von der Geburt aus dem Wasser. Während die Letztere aus vergänglichem Samen ist, ist die Erstere aus unvergänglichem Samen. Von nun an ist der Geist oder die Seele unter der Obhut des Meisters. Keine Macht der Finsternis kann sie mehr in Versuchung führen.

Die Lehren der Heiligen sind, wie oben gesagt, die ältesten und natürlichsten. Sie sind am besten geeignet für alle Zeiten und für Menschen aller Arten und Klassen, unabhängig von Geschlecht, Stand, Hautfarbe und Glauben. Dieser natürliche Weg hat sich niemals geändert und man kann ihn nur von einem kompetenten Meister lernen. Jede einzelne Seele kann die Wahrheit dieser Lehren nachprüfen, selbst wenn sie diese nur auf experimenteller Basis annimmt.

VII. Engstirniger Dogmatismus

Weltliche Menschen glauben im Allgemeinen, dass die ethischen Regeln für individuelles und soziales Verhalten, wie sie in allen Religionen aufgezeigt sind, das Allerwichtigste sind. Sie setzen ihren Glauben in bestimmte Schriften oder machen sich blind abhängig von den alten religiösen Lehrern der Vergangenheit. Das ist nicht Spiritualität, sondern engstirniger Dogmatismus, der sich wie eine Parasitenpflanze an dem Wort Religion nährt und so wächst und gedeiht. Dadurch wird der wahre Geist des Glaubens erstickt und auf bloße Riten, Bräuche und Zeremonien reduziert. Die arme Psyche, von äußeren leeren Parolen, Blendwerk und Tand in Besitz genommen, wird schließlich so von engstirnigen Vorurteilen überwältigt, dass sie in einen mörderischen Teufelstanz der Zerstörung hineingezogen wird.

Es ist tragisch, dass all das im Namen der Religion geschieht. Auf diese Weise geht die Religion zugrunde, die ursprünglich nur mit der Absicht ins Leben gerufen wurde, den individuellen Geist wieder mit Gott zu vereinen. Das Spirituelle, das Heilige, das ihr Kern und Lebensprinzip ist, verschwindet allmählich ganz unter dem Staub der Zeit und der Masse an leeren Worten. Sogenannte Glaubensvertreter, die keine Menschen der Verwirklichung sind, vertiefen sich in intellektuelle Streitigkeiten und beschränken sich auf den philosophischen und mehrdeutigen Teil der Religion. In ihrem Eifer, ihr Wissen hervorzuheben, beginnen sie eine Theorie nach der anderen aufzustellen, ohne dass sie auch nur ein Quäntchen praktisches Wissen in sich hätten. Religion, ursprünglich als ein praxisbezogenes Feld für die Entwicklung des Geistes gedacht, wurde so auf eine Plattform für politische, soziale und philosophische Streitgespräche reduziert.

Mit der Zunahme der Gruppierungen entwickelt der hydraköpfige Dogmatismus Theorien mit unzähligen äußeren Formen und Ritualen. Jede Splittergruppe erhebt Anspruch darauf, der einzige Hüter der Religion zu sein und der Bewahrer der richtigen religiösen Glaubenssätze und Ansichten. Es ist ihnen kaum bewusst, dass Religion nicht aus einem Bündel Theorien besteht, sondern ein praktisches Thema ist, das sich mit der Befreiung der Seele aus der Knechtschaft des Gemüts und der Materie befasst. In ihrem Eifer vergessen sie die Wirklichkeit und predigen das äußerliche Einhalten der Abläufe.

Die heutigen Religionen sind nun nicht mehr als soziale Gemeinschaften, die hauptsächlich damit befasst sind, die Gesellschaft vor Verfall zu bewahren.

Die Religion, die im wahren Sinne des Wortes der Weg zurück zu Gott ist, sie ist nur eine – es ist ein innerer Prozess. Doch leider haben wir so viele äußere Richtungen geschaffen, dass man die wahre Religion nicht mehr von dem Chaos trennen kann, das wir aus diesem Sakrament gemacht haben. Die geistigen Vertreter jeder Gruppierung predigen die Verehrung eines bestimmten Menschen oder Buches, das sie sehr wertschätzen. Sie verehren jedoch nicht alle anderen Schriften der verschiedenen früheren und jetzigen Weisen und Heiligen.

Anstatt also das universale Licht zu sehen, das für die ganze Menschheit eines ist, laufen wir hinter den einzelnen Strahlen her und lassen die Sonne der Spiritualität nicht hinein, die im Herzen aller Religionen leuchtet. Auf diese Weise engen wir unsere Sicht und den geistigen Horizont ein und sehen nichts darüber hinaus. Allmählich verlieren wir die Wahrheit aus den Augen, die ewig und unwandelbar ist, und können das, was andere sagen, nicht akzeptieren. Mit rauchgeschwärzten Brillen betrachten wir alles kritisch, mit einem Gefühl des Misstrauens, des Argwohns und des Zweifels. Wir selbst sind es, die enge Grenzen errichten und dornige Hecken hochziehen, um unsere kleinlichen Anschauungen zu schützen. Dadurch schließen wir das aus, was die Meisterseelen seit dem Schöpfungsbeginn lehrten.

Religionen sind so zu steifen, wasserdicht abgeschotteten Bereichen geworden, einem geschützten Raum für persönliche Spielchen. So sind sie unfähig, so weit zu werden, dass sie alles, was existiert, umfassen können - das ganze Universum, das die Offenbarung des lebendigen Gottesprinzips ist.

Die kirchlichen Dogmen haben aus den vielseitigen und flexiblen Lehren der Meister Institutionen gemacht. Statt den lebendigen und beruhigenden

Einfluss dieser Lehren zu erlangen, sehen wir uns jetzt mit strengen Formen und Glaubensbekenntnissen konfrontiert, die jene aufgestellt haben, die den Gründern der großen Religionen folgten. Diese Leute wirken wie viele Fesseln, die uns angekettet und gefangen halten. Wer frei denkt und ihrem Griff zu entkommen versucht, wird Ketzer und Abtrünniger genannt, verfolgt und exkommuniziert und wie ein böser Geist verbannt. Solche Oberhäupter aber sind weit entfernt von der universalen Religion der Liebe.

Die menschliche Geburt ist die höchste in der ganzen Schöpfung, und das Höchste, was man durch sie erhält, ist die Möglichkeit, während des Lebens Gott zu erreichen und Liebe zu entwickeln für Seine Geschöpfe, ganz gleich welcher Art sie sind. Da der Mensch aber leider nicht mehr in der Wahrheit verankert ist, wurde der Mensch zum Feind des Menschen. Statt Gott und Seine Ergebenen zu lieben, haben sich die Menschen selbst zu Hütern der Religion und Führern der Menschen erhoben.

Weltlich zu sein heißt,
Gott den Rücken zuzuwenden
und danach zu verlangen,
andere Geschichten zu hören als die von Gott.

Ihr könnt das Beste aus
allen Lehren und Predigten erlangen,
wenn ihr euch von der Welt
abwendet und euch mit der Wahrheit verbindet.

Ein muslimischer Heiliger

Anstatt ein wahrer Himmel zu sein, nach dem wir so sehr verlangen und um den wir täglich bitten, hat sich diese Erde in eine wahre Hölle des allgemeinen Misstrauens, der Eifersucht und des gegenseitigen Hasses, der nationalen Differenzen und internationaler Streitigkeiten verwandelt. Selbstherrlichkeit auf Kosten anderer ist zum Lebensprinzip geworden. Während wir von Frieden sprechen, predigen wir in Wirklichkeit nur Unruhe, Disharmonie und Unzufriedenheit. Das alles ist nur die natürliche Begleiterscheinung engstirnigen Dogmatismus, geboren aus blinder Unwissenheit, der uns tief in den Knochen sitzt. Anstatt zu einem Menschen zu werden, der Gott und die ganze Menschheit liebt, sind wir an unsere entsprechende Gemeinschaft gefesselt und betrachten es als großes Verbrechen, zu anderen Gemeinschaften zu gehen.

VIII. **Der Ursprung der Religion**

Die Suche nach dem Einen Allmächtigen, der allem innewohnt, begann, als in den lebenden Geschöpfen das Bewusstsein vom eigenen Selbst erwachte. Die endlosen Begrenzungen, die den Geist umgeben, die Unzulänglichkeit und Unvollkommenheit in jeder Hinsicht, die völlige Hilflosigkeit angesichts von Tod, Krankheit und Leiden - all das erweckt im Menschen das Verlangen, die Quelle allen Lebens, Lichts, aller Freude und allen Glücks zu finden.

Der Mensch sucht eine Kraft, mit der er allem Bösen begegnen, die dunklen Mächte der Negativität bekämpfen, Schmerzen und Elend vertreiben kann. Er möchte in diesem sich ständig wandelnden Universum in etwas verankert sein, das von unwandelbarer Beständigkeit ist. Er will den unveränderlichen, zentralen Punkt finden, um den sich der ewige Tanz der Schöpfung und Zerstörung unaufhörlich weiterdreht.

Der Ursprung aller Religionen liegt darin, dass die Menschen zu allen Zeiten versucht haben das Geheimnis der Dualität zu lösen: Leben und Tod, Licht und Dunkelheit, Wahrheit und Unwahrheit, Reichtum und Armut. Unzufrieden mit seiner Umgebung, beginnt der Mensch von neuem mit der ewigen Suche und wendet sich der Frage nach der Ursache und dem Sinn von allem zu.

Nun versucht er, den Ursprung des Lebens selbst zu

finden, die Quelle des schöpferischen Lebensprinzips, das den Körper und alles, was zu ihm gehört, belebt und alles um ihn herum in Gang hält. Sobald diese Frage einmal einen Menschen ergreift, lässt sie ihn nicht mehr los. Er stürzt sich kopfüber in das Problem und versucht auf verschiedenste Art, das Geheimnis zu ergründen. Zuerst beginnt er seine Suche bei den zeitgenössischen Glaubensanschauungen und Überzeugungen und in der Gegend, wo er wohnt. Aber wenn sie alle ihn nicht mehr zufriedenstellen und er sich im Dschungel der verschiedenen Ideologien, gegensätzlichen Behauptungen und Schlüsse wiederfindet, fühlt er sich verwirrt und zu hilflos, um sich einen Weg heraus zu bahnen. Er wendet sich den religiösen Texten zu, um darin Trost für sein Gemüt zu finden. Aber auch hier sieht er sich mit unüberwindbaren Schwierigkeiten konfrontiert. Er kennt die alten Sprachen nicht, in denen die Texte geschrieben sind, das Thema ist sehr subtil, es gibt keine Menschen mit praktischer Verwirklichung, um ihm ihre korrekte und wahre Bedeutung darzulegen.

Dann nimmt diese bedeutsame Suche eine weitere Wendung. Der Mensch durchbricht alle Schranken uralter Traditionen und Bräuche. Er bricht mit den sozialen und rituellen Regeln und üblichen Verhaltensregeln, um das verborgene Licht und die Kraft Gottes - das Wort – zu finden, das größer und machtvoller ist als alles, was er bisher in der Welt erlebt hat.

Allmählich zieht er seine Aufmerksamkeit von der

äußeren Suche zurück und beginnt, sich auf das Erfassen des inneren Selbst zu konzentrieren. Auf diese Weise lernt er zu unterscheiden zwischen Religion und Religiosität oder Glaubensanschauungen und religiösen Praktiken, die alle nur mit der Ebene der Sinne zusammenhängen. Die Saaten des Lebens liegen in den Tiefen des Lebens selbst, im Geist oder der Seele - in allem was lebt, sogar in Blumen und Pflanzen.

Spiritualität befasst sich mit den lebenswichtigsten Problemen der Seele:

- was sie ist, wo sie ist, wie sie wirkt;
- wie sie gesammelt werden kann, um in sich selbst zu ruhen;
- wie sie von den Hüllen des Körpers und des Gemüts getrennt werden kann;
- wohin sie nach dem Tod geht;
- wie sie willentlich von der Ebene des Körpers zurückgezogen werden kann;
- welche besondere Reise vor ihr liegt;
- welche verschiedenen spirituellen Ebenen sie überqueren muss;
- was ihr ultimatives Ziel ist

und vielen anderen ähnlichen Themen, die sich mit ihrem Wohl befassen. Das ist dann die Religion der Seele, die sich vom rein sozialen und moralischen Wohlbefinden des Individuums grundlegend unterscheidet. Beide jedoch sind abhängig vom spirituellen Wohl des Menschen.

„Ein gesunder Geist in einem gesunden Körper" ist ein bekanntes Sprichwort, aber eine gesunde Seele hinter beiden ist von allergrößter Bedeutung. Denn Gemüt und Körper werden von der Seele belebt. Sie ist der große Dynamo oder der Motor, durch deren Licht und Leben diese beiden Beifügungen – Gemüt und Körper – funktionieren.

Diese Suche nach dem wahren Selbst, obwohl voller Geheimnisse, und ungeahnter Möglichkeiten und innerer, unermesslicher spiritueller Schätze (von denen die Heiligen in wunderbaren Worten berichten), zieht nun die Aufmerksamkeit des Suchers an. Es ist ein rein subjektives, individuelles Thema das jenseits der Grenzen des Verstandes und der Vorstellungskraft liegt. Es ist das Wissen vom Jenseits, Para Vidya, und die Seele, in ihrer ursprünglichen Reinheit, frei von allen sie umgebenden Hüllen, kann es erfahren. Hier muss man sich einfach an die Worte von Guru Nanak erinnern:

Man kann Ihn nicht
durch den Verstand erfassen,
denkt man selbst für Ewigkeiten nach.

Man kann durch äußeres Schweigen
nicht inneren Frieden erlangen,
bliebe man selbst Ewigkeiten stumm.

Man kann Zufriedenheit
nicht mit allen Reichtümern der Welt erkaufen,
noch Ihn mit allem geistigen Scharfsinn
erreichen.

Wie kann man die Wahrheit erkennen und
die Wolken des Falschen durchbrechen?

Es gibt einen Weg, o Nanak!
Seinen Willen zu unserem eigenen zu machen,
Seinen Willen, der bereits in unserem Dasein
wirkt.

Jap Ji St. 1

Ist er einmal von der Sinnlosigkeit von allem äußeren Wissen, aller äußeren Klugheit, Ritualen und
Zeremonien überzeugt, wird die innere Suche beim
echten Wahrheitssucher zur Leidenschaft, denn
Selbsterkenntnis ist der Schlüssel zur Gotteserkenntnis.

Der heilige Augustinus[53] saß einst mit seinem großen Werk *De Trinitate* am Ufer des Meeres und
sah, wie ein Kind mit einer Muschel das Meer-
wasser herausschöpfte und es in ein Loch goss, das
es im Sand gemacht hatte. Als er fragte, was es da
tue, entgegnete der Kleine naiv, dass er das Meer
ausschöpfen wolle. Der große Weise erklärte ihm,
wie sinnlos seine Bemühungen seien, weil das so
unmöglich sei. Genauso ist es auch mit der Gotterkenntnis, denn Er, der Unendliche, kann durch
das endliche Individuum, das Ihn auf der Ebene
des Verstandes zu begreifen versucht, nicht erkannt
werden. Wie kann ein Teil das Ganze erfassen? Das
Selbst, die Grundlage allen bewussten Lebens, kann
nicht durch das Gemüt oder den Verstand begriffen
werden. Etwas, das nicht auf der ewigen Wahrheit
basiert oder daraus entspringt, kann nicht real sein
und kann auch nicht die Wirklichkeit erkennen.
Selbst die Yoga-Praktiken sind als Mittel, um das

Gemüt für die Selbstverwirklichung zur Ruhe zu bringen, nicht geeignet. Gaudpada[54], der berühmte Vorläufer von Patanjali[55], welcher über die Yoga-Systeme schrieb, die es bereits vor Tausenden von Jahren gab - jener Gaupada sagte, dass solche Bemühungen so sind, wie wenn ein Mensch den Ozean mit der Spitze eines Grashalms tropfenweise leeren will.

Aus dem Vorhergehenden wird eindeutig klar, dass Selbstanalyse und Selbsterkenntnis großer Seelen der Keim aller Religionen sind. Hier enden alle Philosophien und die wahre Religion beginnt.

Die innere Suche schreitet langsam fort und eine Hülle des Geistes (Kosha) nach der anderen wird analysiert, durchdrungen und abgelegt. Schicht um Schicht werden sie in der tiefen inneren Stille des Gemüts abgestreift. Dann fällt das Gemüt selbst wie ein zerschlissenes Kleid ab, die Seele wird frei und erscheint in ihrer ursprünglichen strahlenden Form, prachtvoller und glänzender als das Licht vieler Sonnen zusammen. Das nennt man die Entwicklung des Geistes oder die Entfaltung der Wirklichkeit, die anfangs von unzähligen Hüllen umgeben ist. Selbsterkenntnis *(Atma Sidhi)* geht der Gotteserkenntnis *(Paramatma Sidhi)* voraus.

Erst wenn der Geist zu sich selbst findet und von allen irdischen Bindungen und den körperlichen Hüllen, den physischen, astralen und kausalen, befreit ist, dann ist er in der Lage, die Gegenwart Gottes oder die Realität zu erfassen, wahrzunehmen und zu empfinden. Den Sinnen, dem Gemüt und dem Intellekt in ihrer groben Natur gelingt es selbst mit Hilfe der Logik, der Philosophie und der Metaphysik nicht, die Realität zu erkennen und zu begreifen. Es ist die Seele, die in ihrer ursprünglichen Reinheit mit dem Göttlichen in Verbindung kommen kann, wenn sie von den verschiedenen Umhüllungen gelöst und befreit ist.

Wie oben beschrieben, kann Spiritualität im wahren Sinne des Wortes, weder gekauft noch gelehrt werden, man kann sich jedoch von einem Gottmenschen damit wie bei einer Infektion anstecken lassen. Alles Wissen aus Büchern, Vorträgen oder philosophischen Diskussionen kann einen Menschen nicht spirituell entwickeln. Die Liebe Gottes kann man in den von Liebe erfüllten Augen des Sohnes Gottes sehen. Seine klaren, leuchtenden Augen verraten die göttliche Berauschung, die sie in sich tragen. Sie sind Schalen, die von Gottes Liebe, Licht und Leben überfließen.

Darin besteht die Kluft zwischen einerseits dem engstirnigen Dogmatismus, den bedeutenden religiösen Texten der Welt, den sogenannten Religionen - die eingesperrt und eingezwängt sind in die monumentalen heiligen Werke der Alten, verfasst in Sprachen, die zu alt und zu fachlich sind, um verstanden zu werden - und auf der anderen Seite der Spiritualität, der Wissenschaft der Seele oder der wahren Religion des Geistes.

Letztere ist das gemeinsame Erbe der gesamten Menschheit. Sie ist universell in ihrer Herangehensweise, unbegrenzt gültig und nicht gebunden an ein Glaubensbekenntnis, eine Anschauung oder religiöse Vorstellung irgendeines Menschen. Sie ist ein innerer Prozess des Geistes, und alle Heiligen lehren nichts anderes als Spiritualität in ihrer reinen und unverfälschten Form.

Gott ist der heilige Boden, auf dem das äußere Leben, Gemüt und Materie ihr Spiel spielen. Sie alle wissen nicht das Geringste vom Leben ihres Lebens. Deshalb betonen die Heiligen, dass dieser göttliche Urgrund nur dann unmittelbar erfasst werden kann, wenn man ihn durch Verwirklichung direkt erfährt. Das ist nur möglich durch den sechsten Sinn oder das Innere Auge. Dieses Zentrum ist auch bekannt als *Nukta-t-Swaida*, das *Dritte Auge*, die *Göttliche Schau* oder das Einzelauge.

Christus sagt:

> *Es wird den ganzen Körper mit Licht erfüllen, mit einem Licht das nicht-erschaffen, beständig und ewig ist. Es ist ein Licht, das aus sich selbst heraus besteht und schattenlos ist; das es nicht auf dem Wasser oder dem Lande gibt.*

Darum mahnte uns Jesus, der Prophet, darauf zu achten, dass das Licht im Körper nicht Finsternis werde:

> *Das Licht scheint in der Finsternis, und die Finsternis hat es nicht begriffen.*

Johannes 1,5

Die äußeren Symbole für dieses innere Licht sehen wir heute in Form von Kerzen auf dem Altar der

Kirchen, in den irdenen Lampen der Tempel und Gurdawaras, (die jetzt natürlich durch elektrisches Licht ersetzt wurden), und in dem immer brennenden Feuer in den Häusern der Zoroastrier.

Ähnlich wie das Einzelauge ist auch die Stimme Gottes (das *Kalma* der Muslime, das *Wort* bei Christus, das *Sruti* der Veden, das *Udgit* der Upanishaden, das *Sarosha* der Zoroastrier, der *Elan vital* oder der *Lebensstrom* der westlichen Philosophen, die *Stimme der Stille* der Theosophen) im Körper zu finden.

Wir können sie nicht hören, weil unsere geistigen Ohren verschlossen und versiegelt sind.

Diese große Wahrheit wird im äußeren Leben durch das Muschelhorn in den Tempeln, den Gong in den Gurdawaras und buddhistischen Tempeln, die Glocken in den Türmen der Kirchen und die Jaras (Große Glocke) der Sufis symbolisiert.

Die Heiligen haben überall und zu allen Zeiten in ihren Lehren und Schriften auf dieses Phänomen hingewiesen.

Wahre Religion oder Spiritualität besteht darin, in dem von Gott geschaffenen Tempel des menschlichen Körpers die Seele mit der Überseele durch deren Spiel von Licht und Ton, in dem sie offenbar wird, zu verbinden. Je mehr sich die Seele von außen zurückzieht und ihre physischen, astralen und kausalen Begrenzungen überschreitet, umso mehr Erfahrungen von den geistigen Phänomenen erhält sie durch die Gnade des Meisters. Das wird dem gewährt, der sich darauf vorbereitet hat, nach Belieben während des Lebens zu sterben. Denn ehe man nicht lernt, täglich zu sterben, kann man das ewige Leben nicht erlangen. Der große Philosoph Bergson[56] nennt es „offene Religion" im Gegensatz zu den „geschlossenen Religionen", das meint Religionen, die in alten, unveränderlichen Schriften versiegelt sind. Man betrachtet und verkündet sie als die letzte Wahrheit.

Heutzutage sind die Religionen reduziert worden auf Wohltätigkeit, Beachten von Riten, Ritualen und Zeremonien, wie Fasten und Pilgerfahrten das Tragen besonderer Kleidung wie weiße, gelbe, blaue, flammen- oder ockerfarbene Gewänder, sowie bestimmter Merkmale am Körper wie den Haarschopf am Kopf und die heilige Schnur um die Schulter, die Beschneidung oder die fünf *Kakas*, die Kennzeichen der Sikhs. Was das Fortschreiten der Seele in Richtung Selbsterkenntnis und Gotterkenntnis betrifft, hat all das keine wesentliche Bedeutung.

Was wir heute am dringendsten brauchen, ist eine lebendige Wirklichkeit, ein Eintauchen in das Meer des Lebens, einen Schluck vom Elixier des Lebens und das göttliche Licht zu schauen, das Unsterblichkeit verleihen kann und zum Aufblühen des Geistes im Göttlichen führt.

Dazu sagt Sri Aurobindo:

Verbinde dich mit dem höchsten Geist und hole ihn herab, so dass alles Leben, Gemüt und Ma-

terie göttlich werden. Es ist das gemeinsame Ge-
burtsrecht aller erschaffenen Menschen und nicht
das Monopol irgendeiner Nation oder Gruppe,
die sich zu dem einen oder anderen Glauben,
dieser oder jener Überzeugung bekennt.

Der Mensch ist ein Wesen, das von Natur her aus
Körper, Gemüt und Seele zusammengesetzt ist.
Gott schuf den Menschen nach Seinem eigenen
Bild. Daher mahnen die Heiligen:

Seid vollkommen, wie euer Vater im Himmel
vollkommen ist.

Dreifach gesegnet ist der Mensch durch die uner-
messlichen und immensen Möglichkeiten, die der
Schöpfer in ihn hineingelegt hat. Das Göttliche -
Licht, Leben und Liebe - ist die eigentliche Seele
seiner Seele. Aber was der Mensch leider aus dem
Menschen gemacht hat - und noch schlimmer, aus
sich selbst - ist nicht mehr als ein Untier, oder noch
Schlimmeres.

Der Mensch sollte reich sein, unermesslich reich,
was diese drei Aspekte seines Lebens betrifft (Licht,
Leben, Liebe), im Gegensatz zu dem verstümmel-
ten, verkrüppelten und kümmerlichen Dasein, das
er jetzt führt, weil er nichts von Selbsterkenntnis
weiß. Die Schöpfung ist ein zweifacher Prozess: In-
volution mit Evolution. Das Göttliche, das in die
Natur des Geistes, des Gemüts und der Materie
eingebunden ist, muss entfaltet, erweitert und entwickelt werden, bis es gänzlich und vollkommen
mit dem göttlichen Urgrund übereinstimmt, dem

Boden, auf dem es jetzt durch unsere pure Unwissenheit seine begrenzte und beschränkte Rolle spielt, ohne von seiner Göttlichkeit zu ahnen.

Das physische Selbst ist mit zehn Werkzeugen ausgestattet: fünf *karam indriyas* oder treibende Kräfte und fünf *jnana indriyas* oder Wahrnehmungskräfte, die alle dem Körper in seinen irdischen Belangen helfen. Das Gemüt erhielt vier Eigenschaften: *mana* (Gemütsstoff), *chit* (bewusste Wahrnehmung), *buddhi* (Intellekt) und *ahankar* (Ego). Sie alle sind in der Welt der Sinne wirksam und helfen der Psyche beim Denken, um mit dem Licht des Verstandes zu unterscheiden. Als Nächstes in aufsteigender Reihenfolge kommt die Seele, die große Lenkerin im Fahrzeug des Körpers, der vom menschlichen Gemüt beherrscht wird. Ihr Werkzeug, um zu handeln, ist *Surat* (Bewusstsein vom eigenen Selbst oder die Aufmerksamkeit, geboren aus dem großen Bewusstsein). Wenn diese Aufmerksamkeit richtig gelenkt und geführt wird, so wird man fokussiert und zielstrebig. Sie konzentriert und sammelt die umherwandernden Sinneskräfte des menschlichen Gemüts, die mit den Objekten identifiziert und ganz in ihren Genuss versunken sind.

Während der Körper funktioniert, unterscheidet das Gemüt und die Seele sehnt sich nach Glückseligkeit. Wenn diese drei Bestandteile - Körper, Gemüt und Aufmerksamkeit (Seele) - an einem gemeinsamen Punkt in Einklang gebracht werden, wird das irdische Leben für die arme, eingeschränkte und gebundene Seele ein wahrer Segen. Ein immerwährendes, ewiges Leben, das alle Eigenschaften des über-mentalen Bewusstseins besitzt, nämlich *Sat* (Sein), *Chit* (Bewusstsein), *Ananda* (Glückseligkeit).

Ein Mensch, der seine Aufmerksamkeit darauf richtet, den Körper aufzubauen, gewinnt physische Stärke mit voll entwickelten, festen Muskeln. Er wird als Inbegriff strahlender Gesundheit angesehen und von hunderten Menschen, die ihn sehen, bewundert. Ein anderer, der seine Aufmerksamkeit der Stärkung seiner mentalen Kräfte zuwendet, erwirbt einen ausgeprägten, scharfen Verstand. Er wird zum intellektuellen Riesen und begeistert Tausende durch seine kraftvollen Reden und Texte. Und jemand, der an der Entfaltung des Selbst oder der Seele in seinem Innern arbeitet, wird göttlich und im Laufe der Zeit ein Gottmensch. Das Göttliche durchstrahlt ihn ganz und gar. Er verströmt himmlischen Glanz über große Menschenmengen und die Zuhörer, die in seinen Kreis kommen. Wie ein Leuchtturm der Spiritualität dient er allen als Leuchtfeuer im stürmischen Meer des Lebens. Dies ist der Yoga von Hand, Herz und Kopf, verbunden zu einem einzigen. Dieser macht den Menschen zu einem vollständigen Ganzen, vollkommen wie der Vater im Himmel. Das und viel mehr noch erhält der Mensch durch das regelmäßige Verbinden mit dem *Wort* (der Musik der Seele oder dem Gesang von Pranva), das unaufhörlich in und um ihn ertönt. Das ist die wahre Religion, eine Religion des lebendigen Geistes (die Wahrheit), die offene Religion, wie Bergson sagt. Es gibt tatsächlich keine höhere Religion als diese, die allen gleicherweise Licht und Leben schenkt und den Menschen dreifach gesegnet macht, seinen Körper, Gemüt und Seele. So wird er fähig, nicht nur von seinen Mitmenschen geehrt und geliebt zu werden, sondern selbst von den Engeln. So wie Gott es bestimmt hat, als Er den Menschen nach Seinem Eigenen Bild schuf.

Dieser menschliche Körper ist ein wahrer Tempel Gottes, in dem der Geist oder die Seele auf das Hören der inneren Göttlichen Musik abgestimmt werden kann. Die Seele kann dazu befähigt werden, das Göttliche Licht in sich zu erfahren und sich daran zu erfreuen und göttliche Offenbarungen zu erlangen, so wie die alten Propheten. Wenn sie einmal höchste Glückseligkeit erlebt hat, fallen alle Bindungen an die Welt von selbst ab und verlieren ihren Reiz und ihren Zauber. Die vom Vergessen befreite Seele erblüht zu einem neuen Leben, dem Leben des Geistes im Unterschied zum Leben der Sinne. Das ist Spiritualität. Das ist wahre Religion. In ihre Geheimnisse kann den Sucher oder Aspiranten nur ein Heiliger oder eine Meisterseele einweihen, indem Er das Tor zum Reich Gottes aufschließt, das direkt in uns liegt.

Über dieses Tor sagt Christus:

> *Klopft an und es wird euch aufgetan!*
> Matthäus 7,7

Äußere und innere Religion

Während sich die Naturwissenschaften mit der physischen Welt, der Welt der Sinne, befassen und Wissen darüber vermitteln, beziehen sich die ethischen Verhaltensregeln auf den Einzelnen als Mitglied der Gesellschaft. Sie stellen Richtlinien für die sozialen Beziehungen zwischen den beiden auf, dem Einzelnen und der Gesellschaft.

Spiritualität oder die Wissenschaft der Seele macht uns mit der Entwicklung oder Entfaltung der Seele bekannt (einem Prozess, bei dem sie von den verschiedenen Hüllen und Schichten, in die sie gekleidet ist, befreit wird). Sie erklärt uns, dass die Seele vom selben Wesen wie Gott ist, und wie sie mit der göttlichen Realität, ihrer Quelle und ihrem Ursprung verbunden werden und ihre eigene göttliche Natur wiedererlangen und für immer gesegnet werden kann.

Die Wissenschaft der Meister ist experimenteller Natur und bringt, wie jede andere Naturwissenschaft, Ergebnisse mit mathematischer Genauigkeit hervor. Diese Ergebnisse können bestätigt werden durch die Veränderungen, die man bei einem *Sadhak* (einem Menschen, der die spirituelle Disziplin praktiziert) beobachten kann. Diese Wissenschaft ist nicht gleichbedeutend mit dem Anhäufen von Buchwissen, sondern besteht darin, dass sich der Geist auf sich rückbesinnt, eine neue Geburt ins kosmische Bewusstsein erfährt und sich ins Supramentale oder höhere Bewusstsein erhebt.

Diese Verwirklichung bringt eine gesegnete Ruhe mit sich. Danach spürt man ständig die Anwesenheit Gottes und das tatsächliche Wirken des göttlichen Willens wird sichtbar. Verstand und Intellekt können die unendliche Wirklichkeit nicht begreifen. Selbst nachdem man Verwirklichung erlangt hat, kann man das Unbeschreibliche nicht mit Worten ausdrücken. Dieses Experimentieren im Bereich des Göttlichen kann nur versucht und erreicht werden, wenn sowohl das Gemüt als auch der Intellekt in tiefster Stille und Ruhe sind, und - wie eine Offenbarung - Sein Licht und Ton in der Seele erwachen.

Das weltliche Wissen ist ganz anders als das göttliche Wissen. Wir sind völlig in *Apara Vidya* (das weltliche Wissen) vertieft und wissen nichts von *Para Vidya* (dem Wissen vom Jenseits). Wir machen alle möglichen Anstrengungen, um uns von physischen Leiden zu befreien, denken aber nie an die subtilen Krankheiten, die das innere Selbst quälen, wie niedrig wir auf der Skala der menschlichen Werte stehen und wie hilflos wir im Strom des Lebens dahin treiben, ob wir das wollen oder nicht.

Wir verbringen unser ganzes Leben mit Essen, Trinken und Schlafen und kümmern uns nicht im Geringsten darum, etwas über die Essenz des Lebens zu erfahren. Unablässig mit der gegenständlichen Welt befasst, können wir uns nicht in uns selbst zurückziehen und Zeuge der Herrlichkeit der inneren Welt sein.

Ein Mensch, der von seinen äußeren Augen abhängig ist, um zu sehen, von seinen Ohren, um zu hören, und von seiner Zunge, um zu sprechen, ist in Wirklichkeit kein Lebender, sondern ein Toter, wie ein unbelebter Blasebalg. Da Gott im Inneren wohnt, müssen wir nach innen schauen, wenn wir Ihm begegnen, Ihn erfahren und Seinen Segen erhalten wollen. In der Form von Naam oder Shabd durchdringt Gott alles, aber wir können Seine Stimme nicht hören, solange wir uns nicht vom Trubel der Welt abwenden und in die tiefe, innere Stille der Seele eintreten. Wenn wir nach innen gehen und uns zurückziehen, gehen wir ohne Füße, wirken ohne Hände, sehen ohne Augen und hören ohne Ohren.

Daher sagt Guru Nanak:

> *Dort sieht, hört, geht, wirkt und spricht man*
> *ohne die äußeren physischen Organe wie Augen,*
> *Ohren, Füße, Hände und Zunge, vorausgesetzt,*
> *man lernt zu sterben, während man lebt.*
> *O Nanak, erkenne Seinen Willen und begegne*
> *dem Geliebten.*

Guru Granth Sahib, Majh- WarM2

Gosain Tulsi Das bekräftigt im *Bal Kand* des *Ramayana* dasselbe.

Um Gott zu erkennen, muss man zuerst sich selbst erkennen. Selbsterkenntnis ist nur durch innere Umkehr möglich, wenn sich die Aufmerksamkeit von allem äußeren Streben abwendet und nach innen richtet, in die tiefe Stille des Geistes, der göttliche Urgrund genannt, der im Zentrum hinter den beiden Augenbrauen liegt. Nur dann erfährt der Geist Naam, die Überseele oder die wirkende Gotteskraft, die das *summum bonum* aller religiösen Suche nach dem großen Unbekannten ist.

Buddha erklärt, dass wir nur in unserem Inneren zu den höchsten Höhen des Göttlichen aufsteigen können. Der große deutsche Philosoph Arthur Schopenhauer[57] legt dar, dass die Quelle allen Friedens und gesegneter Ruhe im eigenen Inneren erfahren werden kann.

Christus erklärte nachdrücklich:

Das Reich Gottes liegt in euch.

In den Sikh-Schriften heißt es:

Die kostbaren Wasser der Unsterblichkeit fließen im Inneren der eigenen Seele.

Man kann diese innere Reise machen, ohne das eigene Zuhause oder Freunde und Verwandte zu verlassen, und ohne dass man die Verpflichtungen und den Beruf aufgibt, die man in seinem Leben hat. Diese große Pilgerfahrt der Seele kann man trotz weltlicher Aktivitäten unternehmen. Alles, was man dazu braucht, ist, von einem lebenden Meister - der den Schlüssel zum Reich Gottes in Händen hat - die notwendigen Anweisungen zu erhalten.

O Nanak, folge genau den Anweisungen eines vollendeten Meisters, der dich auf den rechten Weg stellt.
Denn dann wirst du glücklich die Erlösung

erlangen,
während du das Leben eines Hausvaters
inmitten von Familie und Freunden lebst.
Guru Granth Sahib, Gujri WarM.5

Man muss nicht die Welt verlassen und sich in
die tiefe Abgeschiedenheit der Wälder zurück-
ziehen, um zum Ziel zu gelangen.
Das ganze Geheimnis kann in der
Einsamkeit der Seele gelöst werden.
Es gibt kein größeres Heiligtum
als das der eigenen Seele.
Guru Granth Sahib

Ein Aspirant kann das Gemüt durch Übung, selbst inmitten des Trubels und der Hektik des Lebens, beruhigen und sich willentlich in die stille Kammer des Göttlichen Urgrunds zurückziehen. Solange das Gemüt nicht ruhiggestellt ist, kann auch ein Aufenthalt im Wald oder am Flussufer nicht viel helfen. Jede Religion hat zwei Aspekte oder Berei-che - der eine ist der soziale und der andere der spirituelle Aspekt. Die soziale Seite besteht darin, ethische Verhaltensregeln aufzustellen, die darauf abzielen, die sozialen Probleme zu lösen, die Gesell-schaft in einer gesunden Richtung weiterzuentwi-ckeln, gewisse Riten und Rituale zu beachten und wohltätig zu sein. Durch solche Mittel mag man den Boden für ein höheres spirituelles Leben aufs Beste vorbereiten. Der spirituelle Aspekt der Reli-gion befasst sich allein und an erster Stelle mit dem

Geist, der Erforschung seines Wesens, seiner Beziehung zu Körper und Gemüt, dem Weg, wie er von diesen beiden gelöst und mit Naam oder dem Wort verbunden werden kann - was dazu führt, dass man den großen Ozean des Bewusstseins erkennt und sich mit ihm identifiziert.

Zweifellos ist der Mensch ein soziales Wesen, aber die Gesellschaft kann nur auf der Grundlage der Spiritualität einen sicheren Stand haben. So wie der Geist den menschlichen Körper belebt, so gibt die Spiritualität der Gesellschaft Leben und Nahrung. Ohne sie schleichen sich allmählich alle Arten sozialer Übel - wie Engstirnigkeit, Vorurteile, Überheblichkeit, Kampf und Streit in ihre Kernbereiche ein, entkräften sie und rufen Fäulnis und Vergiftung hervor.

Es gibt heutzutage keinen Mangel an sozialen Reformen, aber was uns bedauerlicherweise fehlt ist die Selbstreform. Ohne Zweifel hat die Menschheit einen bemerkenswerten Fortschritt auf den Gebieten der Wissenschaft, Kunst, Politik und Philosophie gemacht. Sie hat nicht nur die Geheimnisse der Natur enträtselt, sondern sich tatsächlich die meisten Kräfte der Natur nutzbar gemacht und sie auf verschiedene Weise in ihren Dienst gestellt. Aber all das wurde mit großem Aufwand und unermesslichem Opfer erreicht – auf Kosten des eigenen Geistes oder der Seele. Die natürliche Folge davon ist, dass wir trotz allem materiellen Fortschritt und all dem vielfältigen materiellen Komfort genauso weit vom Glück entfernt sind wie zuvor.

Was würde es dem Menschen helfen, wenn er die ganze Welt gewönne, und nähme doch Schaden an seiner Seele.

Matthäus 16,26

Es sollte eigentlich so sein, dass der Mensch sich zuerst selbst erkennt und eine Erfahrung der Wirklichkeit erlangt. Ist das einmal erreicht, spielt es keine Rolle, ob jemand ein Familienvater bleibt oder der Welt entsagt und ein Einsiedler wird. Der Pfad der Meister ist rein spirituell. Die Meister gehören natürlich weiter der einen oder anderen Gesellschaftsordnung an, jedoch ist es ihre einzige Mission, den verkörperten Seelen, die in tiefer Finsternis leben, die höchste Wahrheit nahezubringen. Und das tun sie mit Hilfe des Surat Shabd Yoga.

Die Meister legen allen Menschen ans Herz, sich den Heerscharen Gottes anzuschließen und sehen die verschiedenen Religionsgemeinschaften allesamt als Anwerbestellen dafür an. Aus diesem Grund grenzen sie sich immer ab von sozialen Zwistigkeiten, Rassenstreitigkeiten und gegenseitigen religiösen Schuldzuweisungen. Sie kommen nicht, um die bestehenden religiösen Religionsgemeinschaften zu zerstören oder neue Gemeinschaften zu bilden, sondern um die bestehenden zu reinigen, zu veredeln und ihnen ihren ursprünglichen, herrlichen Glanz wiederzugeben, den sie durch ihre Gründer erhalten hatten. Sie versuchen, die vielen unnützen Auswüchse, die sich im Laufe der Zeit um sie herum angehäuft haben, zu entfernen und sie aus dem Morast, in dem sie versinken, herauszuziehen. Sie stärken sie durch eine Übertragung frischen Blutes der Spiritualität in ihre verfallenden Adern.

Im innersten Kern aller Religionen liegt die uralte Wahrheit und die Tradition der Spiritualität, die im Laufe der Zeit fast verloren gegangen sind. Heute ist die Religion nur noch eine äußere Hülle bestehend aus Riten und Ritualen. Die Meister jedoch haben tatsächlich eine Erfahrung von derselben Wirklichkeit, wie sie in den Heiligen Schriften von den Rishis und Munis früherer Zeiten beschrieben wurde. Die Grundlage ihrer Lehren sind also weder irgendwelche Heiligen Schriften noch sind sie in strenggläubiger Religiosität festgehalten und eingeengt. Sie befassen sich allein mit Para Vidya (der Wissenschaft des Geistes, jenseits der Reichweite der Gedanken, des Verstands oder des Intellekts). Dieses Wissen - diese Erfahrung und die Verwirklichung - kann weder gelernt noch gelehrt werden, aber wie bei jeder anderen Infektion kann man sich damit anstecken, durch einen Menschen, der selbst davon infiziert ist.

Die Menschen kommen auf den Weg, indem sie mit Meisterseelen in Verbindung gelangen, ihre Worte der Weisheit hören, zu ihren Vorträgen kommen und ihre Lehren befolgen, in Theorie und Praxis. Auf diese Weise ziehen die Meister den Geist wie magnetisch an und machen ihn göttlich. Sie beseitigen alle Schwankungen des Gemüts und machen es dauerhaft immun gegen die Angriffe des

Materiellen und der materiellen Welt. So befreit von allen Fesseln, die ihn an die physische Ebene binden, wird der Geist dann fähig, ungehindert Flüge in die höheren Bereiche zu unternehmen, die jenseits der menschlichen Kenntnisse liegen. Solche Reisen sind eine Sache der Erfahrung, die ausschließlich die Seele macht, wenn sie getrennt von Gemüt und Intellekt ist. Solange der Geist in die höheren spirituellen Erlebnisse vertieft ist, bleiben diese nach außen gerichteten Kräfte hilflos und weit unten im tiefen Abgrund zurück, ohne dass ihnen etwas Kraft gibt oder sie belebt.

Die spirituellen Lehren aller Meister sind zu allen Zeiten und in allen Ländern die gleichen, auch wenn sie in verschiedenen Worten und Sprachen geschrieben sind, die zu einer bestimmten Zeit in einem bestimmten Land geläufig waren. Sie kommen mit der Botschaft der Spiritualität und ihr einziges Ziel ist es, die Menschen zu vergeistigen, indem sie sie mit dem Prozess der spirituellen Entwicklung und Entfaltung vertraut machen. Deshalb werden ihre Lehren *Ilm-i-Seena* oder *Ilm-i-Laduni* (das Wissen um den inneren Menschen oder die Seele, das Wissen um die Wirklichkeit) genannt. Es ist die innere Erfahrung der Seele, ohne jede äußere Hilfe. Es ist der Kern allen Wissens, durch das alles andere erkannt wird. Es ist die natürlichste Wissenschaft und wird wie die anderen Gaben der Natur - Licht, Luft und Wasser - frei gegeben.

Es ist das gemeinsame Erbe der gesamten Menschheit, und jeder kann es frei von einer Meisterseele erlangen. Die Heiligen sind die Kinder des Lichts und sie kommen, um Licht im Universum zu verbreiten.

Christus sagte:

> *Ich bin das Licht der Welt. Wer mir nachfolgt, der wird nicht in der Finsternis umhergehen, sondern wird das Licht des Lebens haben.*

Johannes 8,12

Wissenschaft und Religion

Manche Wissenschaftler meinen, dass Religion lediglich ein Bündel nicht prüfbarer Glaubenssätze sei, und dass jemand ohne Religion genauso zufrieden und glücklich sein kann wie jemand mit Religion. Atheisten oder jene, die nicht an Gott glauben, erklären, dass Religion das Opium des Volkes sei. Gläubige Menschen dagegen sind der Ansicht, dass die Wissenschaft durch die Erfindung tödlicher und diabolischer Instrumente der Verwüstung und Zerstörung den Drachenzahn des Konflikts, der Unzufriedenheit und des Zusammenbruchs in der Welt gesät hat. Die Wissenschaftler erkennen an, dass der Mensch aus Körper und Gemüt zusammengesetzt ist. Sie meinen, wenn man sich um das Gemüt kümmern würde, so würde die Seele - wenn es überhaupt eine gäbe - sich um sich selbst kümmern. Der Seele und Gott gegenüber sind sie skeptisch. Sie bezweifeln, dass es die Seele und Gott gibt.

Für die Meisterseelen ist allein der Geist wirklich, er ist jedoch im Gefängnis von Körper und Gemüt verstrickt. Ihre Aufgabe ist es, den Geist von den verschiedenen Hüllen, die ihn umgeben, zu befreien und ihn mit dem Wort oder der wirkenden Gotteskraft (dem Heiligen Geist) zu verbinden, von dem sie selbst eine persönliche Erfahrung haben. Diese Entwicklung des Geistes ist die wirkliche Erlösung, aber nur sehr wenige verstehen die wahre Bedeutung davon. Manche denken, dass sie nur in Erstarrung bestehe, während andere meinen, dass es auf Nihilismus oder Atheismus hinauslaufe, das Leugnen jeglicher Existenz und die Ablehnung aller moralischen und religiösen Anschauungen. Doch jede dieser Vorstellungen ist weit von der Wahrheit entfernt. In Wirklichkeit steht das menschliche Gemüt als das Bindeglied zwischen dem Körper und seinen Beziehungen, und diese Verknüpfung ist die Bindung. Das Zerbrechen dieser Bindungen wird Erlösung genannt. Der erste Schritt in diese Richtung ist *Gurbhakti* oder Hingabe an den lebenden Meister, und der nächste ist die Praxis von Naam oder dem Wort, was schließlich nach Sach Khand oder Mukam-i-Haq (der Heimat der Wahrheit) führt.

0 Hafiz, das Paradies oder der Himmel ist unser Geburtsrecht und unser Erbe.

Würde man tief und ernsthaft die Vorteile und die Grenzen sowohl von Wissenschaft als auch von Religion betrachten, so könnte man eine enge Verbindung zwischen den beiden feststellen. Das Umfeld übt einen doppelten Einfluss auf alles Lebende aus, nämlich einen äußeren und einen inneren, und beide Einflüsse sind umfassend in ihrem Charakter. Der Mensch ist mit Intellekt, Vernunft und Unterscheidungskraft ausgestattet (das fehlt dem Rest der Schöpfung) - und dadurch kann er seine Umgebung kontrollieren. Der Mensch ist so lange glücklich, wie zwischen seinem Inneren und den äußeren Beziehungen Harmonie herrscht. Wenn sich die Dinge so gestalten, wie man es sich wünscht, ist man zufrieden und glücklich. Die Erfahrung jedoch zeigt, dass der harmonische Zustand zwischen dem Menschen, der immer Wünsche hat, und seiner Umgebung nicht statisch ist und nicht lange andauert. Im Gegenteil, beide verändern sich ständig.

Immer war der Mensch darum bemüht, einen Weg zu finden, der ihm einen Zustand vollkommener und unwandelbarer Harmonie mit seiner Umwelt sichert. Ein Weg ist, die äußeren Bedingungen so weit zu beherrschen, dass die Bedürfnisse des Menschen, welcher Art auch immer, befriedigt werden. Der andere Weg ist, seine inneren Triebe und die angeborenen Instinkte so zu steuern, dass man gegenüber der sich ständig verändernden Umwelt völlige Gleichmut entwickelt, so dass man auf den Einfluss der sich ändernden Bedingungen, von denen alle Dinge betroffen sind, gar nicht reagiert. Der zuerst genannte Weg ist seiner Natur nach wissenschaftlich, während der Letztere rein religiös ist.

Der Bereich der Wissenschaft erstreckt sich von den Elektronen bis zu den Sternen. Er umfasst alle Objekte der Welt, die die menschlichen Gefühle und Empfindungen beeinflussen können, also tatsächlich alles, was die Sinne erfassen können. Die innere Welt hingegen ist ganz anders und sie ist einzigartig. Unsere motorischen und sensorischen Organe, die in der materiellen Welt so bewundernswert funktionieren, können sich nicht so einfach umstellen und die innere, mentale Welt überblicken. Diese innere Welt ist voll ungeahnter Möglichkeiten und unermessliche spirituelle Schätze liegen in unserer Reichweite. Wenn wir nur wüssten, wie wir in unser eigenes Selbst eintreten können!

Bei materiellen Dingen kommt es auf ihren relativen Wert und die Menge an. So ergeben zum Beispiel zwei Hälften eines Brotes ein Ganzes, aber zwei Narren ergeben noch keinen Weisen. Darüber hinaus haben wir Geräte und Instrumente, die uns bei der Erforschung der Materie helfen. Sie machen Schlussfolgerungen, zu denen wir im Verlaufe unseres Experimentierens kamen, tatsächlich praktisch nachprüfbar. Das sind einige der Zusammenhänge, die dazu beitragen, der wissenschaftlichen Wahrheit Bedeutung zu verleihen. Tagtäglich werden solche Experimente durchgeführt und so wird es auch in Zukunft weiterhin sein. Was heute wahr ist, mag es morgen schon nicht mehr sein. Das aber trifft nicht auf die Religion zu. Die Wahrheit ist immer dieselbe und wird immer die Wahrheit bleiben. Sie garantiert dauernde Freude und ewige Glückseligkeit, wenn man die eingeborenen Neigungen und die ursprünglichen Triebe des Gemüts in richtige Bahnen lenkt, sodass es den veränderlichen äußeren Umständen keine Beachtung schenkt. Der Pfad der Religion ist mit vielen Hindernissen übersät. Alle Menschen, auch die Heiligen, sind sterblich, und nachdem sie die physische Ebene verlassen haben, fügen ihre Anhänger in blindem Enthusiasmus ihren Lehren Dinge hinzu, welche die Heiligen niemals geäußert haben oder zumindest keinesfalls so meinten. Die sogenannten philosophischen Abhandlungen sind somit voller Verfälschungen und widersprechen sich offensichtlich gegenseitig, so dass man sich wie in der Wildnis verloren fühlt.

Um die spirituellen Höhen einer Meisterseele zu erreichen, muss man gemäß Seinen Anweisungen in das Labor des eigenen Körpers eintreten und dort die Experimente ausführen. Welche Ergebnisse man erreicht, kann sich zwischen den einzelnen Personen unterscheiden aufgrund der individuellen Beschaffenheit und des jeweiligen Hintergrundes. Die Schlussfolgerungen, zu denen man kommt, und wie lange man jeweils für ein Ergebnis braucht, sind darum rein persönlicher Natur und nicht universal gültig wie in der Wissenschaft. Deshalb können wir unmöglich eine Erfahrung des spirituellen Lebens durch die verschiedenen Arten der Verehrung in den Tempeln und Moscheen, Kirchen und Synagogen oder durch die Heiligen Schriften der verschiedenen Religionen erlangen. Ein lebender Meister, der erfolgreich den Körper und das Gemüt überschritten und die konkrete Erfahrung der unverhüllten Wirklichkeit jenseits aller Begrenzungen und Barrieren gemacht hat, kann uns wirklich etwas Zuverlässiges über die große Wahrheit sagen. Durch persönliche Anleitung und Anweisungen kann er uns beim Zurückziehen des Geistes von den physischen und mentalen Fesseln helfen und uns im Inneren die tatsächlichen Erfahrungen eröffnen, die er selbst gemacht hat.

Was ein Mensch erreicht hat, kann auch ein anderer erreichen, natürlich mit der richtigen Führung und Hilfe. Die persönliche Verbindung mit dem Meister, seine Gedankenübertragung, seine geladenen Worte und seine anziehende Persönlichkeit können viel zur Umwandlung der einzelnen Seele beitragen.

Wer auch immer kommt und in der persönlichen Aura eines Meisters bleibt, wird aufgeladen und auf die unendliche Energie eingestimmt, die in Ihm wirkt, die Er ausstrahlt, überträgt und in den Aspiranten einfließen lässt. Diesen Segen kann man genauso gut aus einer Entfernung von Tausenden von Meilen haben, wenn man Empfänglichkeit für einen solchen Meister entwickelt.

Der Lebensimpuls kommt vom Leben und das Licht von Licht; so ist es in der physischen und auch in der geistigen Welt. Sowohl die Religion, als auch die Wissenschaft funktioniert nach gewissen grundlegenden Gesetzmäßigkeiten. Der Unterschied ist nur, dass wir uns der Ersteren noch nicht bewusst sind, da wir sie nur wenig beachtet haben, und sie daher nicht zu unserem Vorteil nutzen können. Reinheit des Lebens und ethisches Verhalten in Gedanken, Worten und Taten sind die Voraussetzungen für einen *Sadh* oder einen Aspiranten auf dem spirituellen Pfad. Das Gemüt muss beruhigt werden, nachdem es von den verschiedenen äußeren Störungen, innerer Verlockung, Verlangen, dem Zauber des Umfelds und von Sorgen befreit wurde. Genau wie bei einem wissenschaftlichen Experiment muss man auch hier ein Labor betreten und dafür sorgen, dass alle Instrumente sauber und sorgfältig sterilisiert sind. Und dann, bevor man mit der Ausführung beginnt, müssen alle Türen und Fenster geschlossen sein, damit man seine Arbeit ungestört durch äußere Einflüsse und mit ungeteilter Aufmerksamkeit ausführen kann.

Es ist eine Sache allgemeiner Erfahrung, dass die Menschen stolz darauf sind, gewissenhaft die uralten Sitten und Gebräuche zu befolgen und sich blindlings an alte Überlieferungen zu halten. Es ist ihnen kaum bewusst, dass ungültige Münzen, wie kostbar und von historischer Bedeutung und archäologischem Interesse sie auch immer sein mögen, im glühenden Ofen geschmolzen und von Neuem geprägt werden müssen, bevor sie wieder als gültiges Zahlungsmittel auf den Markt gebracht werden können. Im 20. Jahrhundert ist es von entscheidender Bedeutung, dass der überflüssige Zuwachs abgeschnitten wird, der sich im Laufe der Zeit um die ewigen spirituellen Wahrheiten angesammelt hat. Wir sollten sie von verkrusteten

Staubschichten der Epochen befreien, die sich auf sie gelegt haben, und sie der Öffentlichkeit erneut in einer positiven und leicht annehmbaren Form als zeitgemäße gültige Münzen darstellen.

Die heutigen Vorurteile, internen Eifersüchteleien und der engstirnige Fanatismus, wie wir sie in den verschiedenen Glaubensgemeinschaften finden, waren von ihren Gründern niemals beabsichtigt. Solche Missstände sind alles spätere Auswüchse, entstanden durch externe Einflüsse von eifrigen Verfechtern, erbitterten Kommentatoren und Polemikern. Sie verdrehen und verfälschen die einfachen, grundlegenden Wahrheiten, um sie ihren eigenen Zielen anzupassen und auf billige Weise an die Führung zu gelangen, was ihnen Namen, Ruhm, Reichtum und Macht einbringt. Der alte Wein der Spiritualität muss deshalb aus den alten, vergessenen Kellern herausgeholt und den Trinkern in neuen Flaschen angeboten werden – Flaschen, die ihren Vorstellungen entsprechen, die sie bereitwillig annehmen, um ihren Durst zu stillen, ohne auf Marken und Etiketten zu achten.

Götzendienst und Gottverehrung

Der Mensch besteht aus Körper und Seele. In Bezug auf den materiellen Körper ist der Mensch den Gesetzen der Materie (wie Schwerkraft, Anziehungskraft, Dichte, Leitfähigkeit usw.) unterworfen. Bezüglich seiner biologischen Natur unterliegt er den Gesetzen der Biologie (wie Ernährung, Wachstum, Entwicklung, Fortpflanzung usw.). Darüber hinaus ist der Mensch ein bewusstes und empfindungsfähiges Wesen. So sind auch die Gesetze des Wahrnehmens auf ihn anwendbar, die den Sinn für Hunger, Durst, Unwohlsein, Selbstentfaltung und andere hervorbringen. Er strebt nach einem glücklichen, sorgenfreien und angenehmen Leben. Solange ein Mensch an materielle Dinge und Komfort gebunden ist, hat er Sorgen und Leid zu ertragen. Sobald er sich aber den natürlichen Gesetzen der Seele unterordnet, wird er gesegnet und glücklich.

Kabir sagt deshalb:

> *Die verkörperte Seele ist niemals ruhig und glücklich. Wo immer der Mensch auch sein mag, überall erwarten ihn Unannehmlichkeiten und Not.*

Auch Buddha erklärte, dass das physische Leben voller Leid ist, und Nanak sah, dass sich die ganze Welt in unsichtbaren Flammen windet.

Götzendienst besteht darin, dass man alle Aufmerksamkeit auf die Ernährung und das Schmücken des physischen Körpers richtet; die Seele erstrahlen zu lassen und sie mit Gott zu verbinden hingegen ist Gottesverehrung.

Wehe uns, die wir überhaupt nichts über die lebendige Seele im Körper wissen und auch nichts darüber, wie sie geschmückt, ausgestattet und strahlend schön werden kann. Der physische Körper ist das wahre Haus und die Seele ist der Bewohner darin. Daher muss man, wenn man es richtig machen will, zuerst die Seele befreien und sie reinigen, bevor man den Körper wäscht. Was würde es einem Menschen nützen, das Haus zu kehren, es rein und sauber zu halten und mit allen möglichen Dingen zu dekorieren, aber den Bewohner, die Seele, hungern zu lassen?

Da wir unsere eingeborene göttliche Natur vergassen, haben wir unser Selbst vollkommen mit unserem Körper identifiziert und denken, sprechen und handeln nur körperbezogen und in Hinblick auf die körperlichen Gegebenheiten und Beziehungen. Wenn die Existenz des Körpers vom Geist, dem Lebensfunken in ihm, abhängig ist, dann müssen wir uns mehr um den Geist kümmern, an ihn denken, ihm rechtzeitig Nahrung geben, damit er gesund und stark wird. Denn von seiner Gesundheit und Kraft hängt die Schönheit und Würde des Körpers ab. Man mag sich um den sich ständig verändernden Körper kümmern, der Verfall und Tod unterworfen ist, damit er gesund und fit bleibt, wie um jedes andere Mittel der Selbstentfaltung auch. Man sollte ihn aber nicht maßlos verwöhnen und vergöttern, sodass man die Lebensflamme im Körper völlig aus den Augen verliert, jene treibenden Kraft, welche die träge Materie mit Leben erfüllt. Ohne diese Kraft ist er wertlos und gerade gut genug, den Flammen oder dem Grab übergeben zu werden.

Wir dürfen nicht vergessen, dass wir in Wirklichkeit ein Funke des Göttlichen sind und etwas ganz anderes als das materielle Haus, in dem wir gegenwärtig leben. Darum müssen wir alles über diesen Lebensimpuls erfahren, der durch die ganze Schöpfung fließt, der die Quelle oder der Ursprung dieses Lebensstromes ist, und wie wir ihn erreichen und ewigen Frieden und Glück finden können, was unser Erbe und unser Geburtsrecht ist. Die große Lektion des Lebens kann man nur von einer Meisterseele lernen. Der Anfang liegt im freiwilligen Zurückziehen des Sinnesstroms im Körper, bis ein Zustand der Loslösung erreicht ist, durch Konzentration am Sitz der Seele hinter den beiden Augenbrauen, Augenfokus oder *Til* genannt. Dies alles kann nur durch die Gnade eines vollkommenen lebenden Meisters erlangt werden, der nicht nur in der Theorie, sondern auch in der Praxis der Wissenschaft der Seele versiert ist. Er kann die Seele über das Körperbewusstsein erheben und anderen dazu verhelfen, dass sie dieselben Erfahrungen wie Er erlangen.

Ein göttlicher Mensch
kann uns mit Gott verbinden.
Guru Granth Sahib, Jaitsari M. 5

Wenn der Geist einmal mit dem Göttlichen verbunden und in Gott eingebettet ist, schlägt er mit der Zeit in seinem Heimatland Wurzeln. Vom göttlichen Boden, auf dem er von Tag zu Tag wächst und gedeiht, erwirbt er seine natürlichen göttlichen Eigenschaften und entfaltet sie. Das wird von allen Weisen des Ostens und des Westens die zweite Geburt genannt oder ein von Neuem geboren werden, wie Christus es ausdrückt. Die unvergängliche Saat dieser spirituellen Geburt wird durch einen Gottmenschen gesät, wenn wir Ihm gerecht werden und gewissenhaft Seinen Anweisungen folgen. Das wird mit dem Fachausdruck *Satsang* oder der Gemeinschaft mit *Sat* (Wahrheit) bezeichnet, der großen Konstante (des Seins) inmitten des wechselnden Panoramas des Lebens und des sich kaleidoskopartig verändernden Universums, in dem wir leben.

Schön ist der Körper, in dem die Seele auf Gott eingestimmt ist. Jede Schönheit, einschließlich der körperlichen, hängt von der Schönheit des Geistes ab, die ihrerseits auf dem Einssein mit der Göttlichen Schönheit beruht.

Gesegnet ist der Körper, in dem die Seele
vereint mit ihrem göttlichen Strom wohnt.
Der wahre Geliebte gewährt ihr ewiges Leben,
und man lebt beständig in Verbindung
mit dem Wort des Meisters.
Guru Granth Sahib, Suhi M 3

*Der Ergebene des Meisters taucht tief
in den Körper ein
und betrachtet alles andere als bloße Illusion;
Er allein findet das Kronjuwel,
dem es bestimmt ist.*

*Denn Schlauheit ist nutzlos.
Gesegnet ist der Körper im Dienst des wahren
Einen, der ihn geschaffen hat.*

*Ohne die Verbindung mit dem Wort
 gibt es keine Freiheit von den Tücken von Kal,
(der negativen Kraft).*

*0 Nanak! Der verherrlicht das Wort,
den Gott mit Seiner Gnade und Barmherzigkeit
überschüttet.*

Guru Granth Sahib, Suhi M.J

Wenn sich der Geist wieder seiner eingeborenen Göttlichkeit bewusst wird und in Seine Farbe gefärbt ist, wird er von der Bindung an die Welt befreit. Er entgeht für immer dem Kreislauf von Geburt und Tod. Aber all das kann man nicht durch Gelehrsamkeit, Wissen oder schlaue Methoden erlangen, sondern einzig und allein durch die Gnade einer Meisterseele oder eines Gottmenschen, der kompetent ist, durch praktische Selbstanalyse den Zutritt ins Jenseits zu ermöglichen.

IX. Das Ideal einer universellen Religion

Die dringendste Notwendigkeit der Zeit ist, eine universale Religion für die ganze Menschheit zu bilden, die eine Zusammenfassung all dessen sein sollte, was in jeder Religion gut ist. Aber ist das möglich? Infolge der verschiedenen Temperamente und Denkweisen ist es nahezu unmöglich, einheitliche Regeln der Verehrung festzulegen, die für alle annehmbar wären, sowie ihre verschiedenen Gedankenströme in eine Richtung zu lenken. Bei aller Unterschiedlichkeit gibt es dennoch etwas, das der ganzen Menschheit gemein ist. Es ist das göttliche Bindeglied, durch das die ganze Schöpfung entstanden ist und erhalten wird.

Alle Religionen sind trotz der sichtbaren Unterschiede in den äußeren Formen und Ritualen im Grunde genommen in das Wesentliche eingebettet, in dem sie alle gleich sind. Der göttliche Boden, auf dem sie alle ruhen, ist derselbe, Der umfangreiche Oberbau wurde auf dem gleichen Fundament des Göttlichen errichtet.

Das vor uns liegende Problem ist, einen Weg zu finden, wie wir diese göttliche Basis erreichen können. Die grundlegenden Wurzeln aller Religionen sind heute nicht mehr sichtbar. Verdeckt durch eine veraltete Sprache, verborgen unter einer verkrusteten Staubschicht und dogmatischen Glaubenssätzen der Priesterschaft, sind die Wurzeln vollkommen in Vergessenheit geraten.

Was wir jetzt brauchen, ist, der modernen Welt die Wahrheit noch einmal in wissenschaftlicher Form zu präsentieren. Anstatt eine Quelle des Trostes für die Seele zu sein, ist die Religion heute zum Instrument der Trennung, des Hasses, der Feindseligkeit und der Tyrannei geworden. Im heiligen Namen der Religion wird die Menschheit mit Feuer und Schwert unterdrückt; unschuldiges Blut wird vergossen, und das schöne Antlitz der Erde wird durch Verwüstung und Zerstörung entweiht. Und das nur, weil unwesentlichen Dingen und äußeren Formen zu viel Bedeutung beigemessen wird. Die Folge davon ist, dass die Menschen überall in der Welt eine Art Abscheu gegen die sogenannte Religion entwickelt haben, der es nicht gelungen ist, den Menschen das zu geben, was alle brauchen. Die Religion sollte vereinen – Mensch mit Mensch, Nation mit Nation, indem sie die Welt mit einem gemeinsamen Band allumfassender Liebe, Zusammengehörigkeit und Brüderlichkeit verknüpft. Die (konstitutionellen) Religionen mögen sich heutzutage auf die ethischen Richtlinien des sozialen Verhaltens und der Ordnung beschränken, wozu sie sich bereits reduziert haben. Den Menschen sollte es freistehen, in den äußeren Gemeinschaften zu bleiben, in die sie hineingeboren wurden und zu denen sie gehören. Es ist aber äußerst wichtig, dass man versucht, die wesentlichen Wurzeln aller Religionen zu erkennen und zu verstehen. Indem sie tief in ihrem Inneren eintaucht, sollte die Seele jedes Menschen versuchen, im göttlichen Grund zu ruhen und das gemeinsame Band - die Quelle und den Ursprung allen Lebens - zu ergreifen, das die ganze Schöpfung verbindet. Solange all das nicht sowohl in Theorie als auch in der Praxis in Form einer Wissenschaft präsentiert wird, werden die Menschen nicht bereit sein, auf die grundlegende Lehre aller Religionen zu hören und sie anzunehmen. Sie müssen sich über die verschiedenen Rituale und Traditionen erheben, an die sie seit undenklichen Zeiten gefesselt sind und an die sie sich so beharrlich klammern.

Religion bedeutet im wahren Sinne des Wortes Wiedervereinigung mit Gott. Die Heiligen sind immer mit Gott vereint. Die spirituellen Erfahrungen, die sie in den spirituellen Bereichen hatten, sind zum Wohl der Menschheit in den heiligen Schriften aufgezeichnet.

> *Man hat nicht das Recht,*
> *die Schriften der Phantasie entsprungen*
> *oder falsch zu nennen.*
>
> *Denn auf dem falschen Weg ist der,*
> *der nicht über das Niedergeschriebene*
> *nachdenkt und nicht versucht,*
> *die wahre Bedeutung zu verstehen.*
>
> Kabir

Wer eine Erfahrung von Gott hat, liebt die ganze Menschheit. Er fühlt in sich und hat erkannt, dass Gott unser aller Vater ist und alle Menschen Brüder sind. Darum seid euch sicher, dass jene, die Hass predigen und Saaten der Feindschaft in Gottes Schöpfung säen, noch keine Erfahrung vom Schöpfer erlangt haben.

Die persönliche Erfahrung von Gott, die eine Seele gemacht hat, ist in Wirklichkeit die wahre Religion. Solange die spirituellen Erfahrungen, wie sie in den überlieferten heiligen Schriften niedergelegt sind, durch die Gnade eines lebenden Meisters nicht tatsächlich von uns selbst gemacht werden, bleiben wir weiterhin Atheisten oder Agnostiker und wissen nicht, was Religion ist.

Gott schuf den Menschen nach Seinem eigenen Bild. Daher obliegt es dem Menschen, so vollkommen zu sein wie sein Vater. Das wird aber nur möglich sein, wenn der Mensch lernt, Seinen Willen zu verstehen, und wenn er entsprechend Seinem Willen handelt. Das ist die wahre Religion und der wahre Glaube, während alles andere nur Heuchelei und Blendwerk ist.

Würden wir die heiligen Schriften aller Religionen analysieren, würden wir feststellen, dass die darin enthaltenen spirituellen Wahrheiten genaue Aufzeichnungen der konkreten spirituellen Erfahrungen ihrer Gründer sind. Diese Meisterseelen haben immer den spirituellen Aspekt des menschlichen Lebens betont und nachdrücklich erklärt, dass es im menschlichen Körper ein eigenständiges Wesen gibt, Seele genannt, das sich nicht verändert und ewig besteht. Sie sind der Meinung, dass sich die Seele, die sich im ständig wechselnden Gewand der materiellen Welt befindet, entwickeln kann, genauso wie die anderen Fähigkeiten - die physischen, mentalen und intellektuellen.

Die Dinge der Welt zu genießen ist nicht der Idealzustand eines Menschen. Sein Ziel sollte Selbsterkenntnis sein. Alle heiligen Schriften berichten uns von dem Weg, wie der Geist eine Erfahrung des erweiterten Bewusstseins und des höheren Bewusstseins erlangen und dadurch ein wirklich spirituelles Leben führen kann. Das besteht jedoch nicht in blindem Glauben, gewissenhaftem Ausführen von Riten und Ritualen und genauem Einhalten sozialer und ethischer Verhaltensregeln. Die Wahrheit zu erkennen, das ist das Ziel aller Religionen. Im Mittelpunkt ihrer grundlegenden Lehren steht, Shabd, Naam, Kalma oder das Wort zu erkennen. All das sind Namen für das Eine, Göttliche, die wirkende Gotteskraft oder den Heiligen Geist. Spiritueller Fortschritt ist möglich, kann aber nur erlangt werden, wenn sich der Geist mit diesem Naam oder Shabd verbindet. Diese Art der Vereinigung mit dem Tonstrom ist als Surat Shabd Yoga bekannt.

Voll Liebe und Hingabe sollten wir uns mit allen Religionen befassen und die gemeinsame göttliche Basis die jeder von ihnen zugrunde liegt, als ein praktisch anwendbares Konzept übernehmen und akzeptieren. Die verschiedenen religiösen Bücher, wie die Veden, die Bibel, der Koran, der Adi Granth und alle anderen Schriften, sie sind wie viele Seiten des unendlichen Buches Gottes, dem von Zeit zu Zeit weitere Seiten hinzugefügt werden können. In diesem materialistischen Zeitalter ist es notwendig, dass die übereinstimmenden spirituellen Wahrheiten an einem Ort gesammelt und der ganzen Menschheit wie ein schöner Strauß überreicht werden. Erwachte Menschen auf der ganzen Welt erkennen diese Wahrheit und halten Weltkonferenzen der Religionen ab, um der Menschheit die gemeinsamen Grundideen aller Religionen darzulegen. Das Ziel davon ist, dass die Spiritualität auf die Basis einer regulären Wissenschaft gestellt werden kann, der sich alle Wahrheitssucher zuwenden können – unabhängig von ihrem Stand oder ihrem Glauben und ohne die sozialen Ordnungen zu stören, denen sie angehören. Der heutige Versuch, eine Weltreligionskonferenz abzuhalten, eine Weltgemeinschaft der Religionen zu gründen, Institutionen zum vergleichenden Studieren der Religionen einzurichten und Nachforschungen über die wichtigsten Prinzipien in Bezug auf die Wahrheit – Liebe und Gewaltlosigkeit - anzustellen, sind Schritte in die richtige Richtung. Sie weisen in Richtung einer Zeit, in der die ganze Welt in den seidenen Banden einer universalen Religion der Liebe und Menschlichkeit verbunden sein wird.

X. Ein Blick nach Innen

Wir verbringen die meiste Zeit damit, die Oberfläche weltlicher Dinge zu bewundern, und kümmern uns nicht darum, die Seele der Materie zu sehen, die darunter verborgen liegt. Sie ließe uns den großen Schöpfer erkennen, das schöpferische Lebensprinzip, ohne welches selbst die äußere Schönheit nicht einmal für den Bruchteil einer Sekunde bestehen könnte. Nochmals, die äußere Hülle aller Dinge ist Krankheit, Verfall und im Laufe der Zeit der Auflösung unterworfen, während die höchste Wahrheit im Inneren das einzige Unwandelbare, Ewige ist. Wir jedoch ziehen es vor, die Spreu oder Schale der Materie zu analysieren und ihre Geheimnisse zu untersuchen. Wir versuchen, sie zu erobern und sie uns zu unserem Vorteil zunutze zu machen. Es ist uns in hohem Maße gelungen, die Kräfte der Natur in unseren Dienst zu zwingen. Wir haben uns jedoch nicht darum bemüht, die Gegenwart Gottes zu finden, die alles durchdringt und der Anfang und das Ende der ganzen Schöpfung ist.

Nur jener Mensch ist weise, der die Perle aus der Auster nimmt und nicht an der Muschel interessiert ist. Alle äußeren Hüllen wurden von der Natur geschaffen, um darin etwas Kostbares, etwas von wirklichem Wert zu verwahren. Würden wir doch zuerst nach innen schauen, bevor wir die Dinge der Welt bewerten! Wir haben derzeit keine Ahnung von den höheren Werten des Lebens und sind bisher noch nicht in der Lage gewesen, die Spreu vom Weizen zu trennen. Unwissend, wie wir sind, handeln wir wie Narren, die durch den oberflächlichen Zauber geblendet sind. Getäuscht durch Gestalten, Formen und Farbmuster, die wir sehen, erkennen wir nicht, dass wir wie Seifenblasen sind, die eine Zeitlang glänzen und sich dann im nächsten Augenblick in luftiges Nichts verflüchtigen.

Die Heiligen und Seher haben in ihren kostbaren Schriften auf die spirituellen Schätze hingewiesen, die in jedem Menschen begraben liegen. Sie berichten uns von einem Weg, auf dem wir tief graben können, um sie zu finden.

Das ganze Geheimnis des Makrokosmos kann man im Mikrokosmos finden. Das Wissen über den letzteren ist das Basiswissen oder der Hauptschlüssel, der die stählernen Tore allen Wissens (des physischen, intellektuellen und spirituellen) durch die Gnade eines Meisters öffnet. Die Alten legten dem Menschen zu Recht die große Frage vor: Was ist jene Weisheit oder jenes Wissen, durch das alles andere erkannt wird? Und im gleichen Atemzug antworteten sie: Selbsterkenntnis oder Atmavidya. Erkenne dich selbst - *gnothi seauton* oder *nosce te ipsum* - wurde von den Griechen und Römern immer als die höchste Art allen Wissens angesehen. Es wird auch Para Vidya oder die Wissenschaft vom Jenseits genannt. Etwas, das jenseits des Bereiches der groben Sinne und des Intellekts liegt - die innere Wissenschaft der Seele.

Der Mensch ist mit fünf Sinneskräften ausgestattet:

Sehen, Hören, Schmecken, Riechen und Fühlen. Von allen ist die Fähigkeit des Sehens die wichtigste. Deshalb werden die Augen ganz richtig als Fenster der Seele bezeichnet. Die Augen zeigen den inneren Gemütszustand, wie auch immer er sein mag - voll Frieden und Ruhe oder voll Ärger und Unruhe. Durch die Kraft der Augen beherrscht ein Mesmerist oder Hypnotiseur seine Versuchsperson. Auch manche Reptilien bannen und lähmen ihre Beute mit den Augen und machen sie unbeweglich, indem sie ihren starren Blick darauf richten. Auf dieselbe Weise machen es die Seeadler und Fischadler. Der Magier und der Hexenmeister wenden ihre schwarze Kunst durch die Augen an. Die Mutter übermittelt ihre Liebe zum Kind durch die Augen. Selbst die Haustiere finden Trost durch den liebevollen Blick ihres Herrchens. Die Dichter singen von lachenden, blitzenden, feuchten, schmachtenden, stechenden, und sprechenden Augen und so fort. Die stille Sprache der Augen ist wirklich wunderbar. Ihre Ausdruckskraft kann man nicht mit Worten beschreiben. Selbst ohne Worte sind Augen noch beredt. Ihre stille Sprache und ihre Wirkung sind allgemein bekannt und gehen tief ins Herz.

Im wachen Bewusstseinszustand ist der Sitz des Gemüts und der Seele zwischen und hinter den beiden Augenbrauen. Im halbbewussten Traumzustand wechselt ihr Sitz auf die Höhe der Schilddrüse, des Kehlkopfs und im Stadium des Tiefschlafs oder *sushupti* (unbewusster Zustand) liegt er noch weiter unten im Nabelzentrum. Da sich der Pfad der Heiligen, die Wissenschaft des Geistes, mit dem hoch bewussten Zustand befasst, beginnt die wirkliche Suche am *dritten Auge, Nukta-i-Sweda* oder *Divya Chakshu* und geht nach oben, von Stufe zu Stufe, bis Sach Khand oder Mukam-i-Haq, die wahre Heimat unseres Vaters, erreicht ist (und nicht abwärts).

Dieser Körper ist der Tempel Gottes. Das Reich Gottes liegt in uns. Es heißt, dass der gesamte Makrokosmos im Mikrokosmos eingeschlossen ist. Wahres Wissen um den Ersteren kann nur durch Wissen um den Letzteren erlangt werden. „Das innere Anklopfen" ist ein wunderbarer Ausspruch des amerikanischen Philosophen Emerson. Der Makrokosmos und der Mikrokosmos sind in vier Ebenen aufgeteilt:

1. Pind - der physische Körper
2. And - der mentale oder Astralkörper
3. Brahmand - der kausale oder Ursachenkörper
4. Sach Khand - die ewige Heimat der Wahrheit oder der Seele

Alle Ebenen unterhalb Sach Khand sind zur Zeit der Auflösung oder der großen Auflösung der Zerstörung unterworfen. Die bezaubernde Heimat der Heiligen und Meisterseelen liegt in Sach Khand, und diese Ebene zu erkennen ist ihr höchstes Ideal. Von Sach Khand bis Pind kann die Widerspiegelung der sechs Zentren in jeder der oberen Ebenen gesehen werden, auf die gleiche Weise in den entsprechenden unteren Zentren, genauso wie man die Reflexion der Sonne in einer Anzahl wassergefüllter Krüge sehen kann und deren Reflexion wieder an einer nahe gelegenen Wand. Die sechs (feinstofflichen) Nervenzentren im Körper sind:

1. guda - Rektum
2. indri - Fortpflanzungsorgan
3. nabhi - Nabel
4. hirdey - Herz
5. kanth - Kehle oder Schilddrüse
6. aggya - hinter den Augen

Mit den Hatha-Yoga-Übungen von dhoti, neti und basti etc. reinigen die Yogis erst den physischen Körper und danach kommen sie durch ständige Übungen, welche die *Pranas* einschließen, allmählich durch die verschiedenen oben angeführten Nervenzentren. So gelangen sie bis zum *aggya Chakra* hinter den Augen. Der ganze Vorgang beginnt am *guda Chakra* oder dem Rektum und durchläuft mithilfe des *Kundalini Yogas* oder der Schlangenkraft die Wirbelsäule. Diese Art von Yoga ist sehr mühsam und voller Schwierigkeiten und Gefahren. Hier müssen die *Pranas* oder die Lebensenergien kontrolliert, reguliert und genau geführt werden, was vor allem für den normalen Mensch mit Familie nicht so leicht ist; es ist sehr schwierig und zeitraubend, darin erfolgreich zu sein.

Für die heutige Zeit empfehlen die Heiligen diese

Art des Yoga nicht, denn die Menschen sind kör-
perlich nicht in der Lage, es zu praktizieren. Die
Heiligen lassen die Widerspiegelungen in *pind* oder
dem Körper außer Acht und beginnen direkt am
aggya Chakra, wo *pind* und *and* vereint sind. Dieses Zentrum ist im wachen Bewusstseinszustand
der Sitz der Seele. Sie empfehlen den mentalen
Simran, der mit ungeteilter Aufmerksamkeit und
liebevoller Hingabe wiederholt wird, den Simran
der mit höchster Anziehungskraft geladenen Namen Gottes, den die Heiligen geben. Wenn man
diese Worte wiederholt, vergisst man die Welt um
sich herum, sogar die nächste Umgebung und den
Körper. Das hat zur Folge, dass alle Sinnesströme
gesammelt und auf die göttliche Basis konzentriert
werden, die aufleuchtet und alles überstrahlt.

Matthäus bezieht sich im Evangelium mit folgenden Worten auf diesen Zustand:

> *Das Auge ist das Licht des Leibes.*
> *Wenn dein Auge einfältig ist,*
> *wird dein ganzer Leib Licht sein.*
> Matthäus 6,22

Tulsi Sahib sagt in diesem Zusammenhang zurecht:

> *In der Pupille des Auges ist ein hohler Kreis,*
> *Til genannt. Und in diesem Zentrum*
> *liegt das ganze Geheimnis der Spiritualität.*
> *Du kannst es finden, wenn du nach innen hinter*
> *den stählernen Vorhang der Finsternis schaust.*

Hazrat Moen-ud-Din-Chisti[58], ein muslimischer

133

Heiliger hohen Ranges, sagt:

Öffne dein inneres Auge,
damit du Zeuge der Glorie Gottes wirst.
Schließe deine Ohren und deinen Mund
und werde ganz Auge,
um Seine Herrlichkeit zu erblicken.

Wie schon vorher erwähnt, sind die Augen wirklich die Fenster der Seele. Fenster, die sich nach alten Wunderlanden hin öffnen.

Swamiji sagt:

Diese Augen sind Fenster,
durch die sich dir die Wohnstatt Gottes zeigt.

Auch Guru Nanak spricht von ihnen:

Im Palast der Seele (im menschlichen Körper)
sind zwei Fenster,
durch die Lord Shiva
und seine Gemahlin Shakti (Prabati) schauen.
Öffne die Augen
und erblicke den Herrn im Inneren.

Auch Kabir sagt:

Wenn du deine Augen auf ein Zentrum abstim-
men könntest, würdest du etwas Wunderbares
erblicken.

Das Licht beider Augen geht durch die Sehnerven und kommt in einem Punkt zusammen, den man das dritte Auge, Tisra Til, Shiv Netra oder Nuqta-i-

Sweda nennt, das von einem Licht erhellt wird, das schattenlos und nicht-erschaffen ist. Von hier aus betritt der Geist den *Sukhmana Kanal* oder *Shahrag*, der zwischen *Ida* und *Pingala* liegt, und hört den Ton himmlischer Musik oder den Tonstrom, der das Leben des Universums ist. Durch diesen hilfreichen Prozess wird der Geist auf seiner weiteren Reise unterstützt und geleitet.

Lausche der heiligen Melodie in Sukhman,
indem du deine Aufmerksamkeit auf die tiefe
Stille einstimmst.
Wenn du auf die unbeschreibliche Musik der
Seele hörst,
wirst du frei von allem Wünschen und Sehnen.
Guru Granth Sahib, Malar WarM. 1

Achte in diesem Zeitalter auf die innere Musik.
Durch Hingabe an sie wirst du frei von allem
Stolz.
Guru Granth Sahib, Asa M. 3

Wenn die Seele die physische Ebene überschreitet, hat sie verschiedene Bereiche zu durchqueren, charakterisiert durch Sterne, Sonne und Mond. Dort wird sie von der strahlenden Form des Meisters empfangen, der sie in seine Obhut nimmt. Mit Ihm schreitet sie weiter fort, um durch den Tonstrom zur wahren Heimat unseres Vaters zu gelangen. Der Pfad der Heiligen ist weder eine Religion noch eine Glaubensanschauung. Wer auch immer - sei er Hindu, Muslim oder Christ – den Ort der Glückseligkeit oder Wahrheit erreicht, wird ein Heiliger genannt. Überall gibt es zwei Arten Fakire oder heilige und wahrlich fromme Menschen:

1. Jene, die zur niedrigeren Ordnung oder *Darja-i-sifli* gehören. Sie bleiben an den Nervenzentren (Chakras) von Pind oder dem physischen Körper haften, so wie es den Yogis ergeht.

2. Jene der höheren Ordnung oder *Darja-i-Ulvi*. Ihr sadhan oder ihre spirituelle Übung beginnt am aggya Chakra hinter den Augen.

Einige der muslimischen Heiligen (Fakire) gehörten dieser höheren Ordnung an. Hazrat Ibrahim sagte, dass er auf den großen Stern stieß und dann seine Reise fortsetzte. Auch Guru Nanak weist auf diesen inneren Stern hin, den der Meister in Seiner Gnade den Aspiranten zeigen kann.

> *Ein heller Stern erscheint am Horizont, er wird durch Gottes Gnade sichtbar.*
> *Ein Ergebener, der ein gutes Schicksal hat, kann ihn mit Hilfe von Meisters Wort sehen.*

Guru Granth Sahib, Tokhari M I

Die Weisen aus dem Morgenland folgten ebenso einem hellen Stern, der sie nach Bethlehem führte und zu Christus brachte. Auch Tulsi Sahib erwähnte den strahlenden Stern, der dem Geist an der Schwelle des *Gaggan* oder dem Eingang zur Astralebene begegnet. Hazrat Mohammed berichtet, dass er *Shak-ul-mar* machte, (den Mond entzwei schlug), was sehr aussagekräftig ist und bildlich zeigt, dass die Seele über den Bereich des Mondes hinausging. Jeder, der diese Reise in die spirituellen Bereiche unternimmt, muss den Mond entzwei schlagen, indem er durch ihn hindurchgeht.

Groß ist der Mensch. Er hat einen Tropfen Göttlichen Bewusstseins in sich, so wie auch alles andere in der Schöpfung. Obwohl er wie ein schwaches Erdenkind aussieht, sind doch ungeahnte Möglichkeiten in ihm verborgen. Gott schuf ihn nach Seinem eigenen Bilde. Der Mensch hat die schlummernden spirituellen Schätze in der Tiefe seines Gemüts vergraben. Hätte er nur ein Körnchen Glauben an seine Kräfte, könnte er, wie Christus sagte, gewaltige Berge versetzen und den Winden und Wassern gebieten, wie es große Seelen in jedem Zeitalter getan haben. Die Gedankenkraft ist der Antrieb hinter all unserem Handeln. Die Welt ist das Werk Seines Willens. Gott befahl: Es werde Licht. Und es ward Licht. Auf Sein Geheiß hin gerieten die Elemente in Bewegung und vervollständigten das Werk der Schöpfung.

Auch der Geist, ein Funke des göttlichen Feuers, ist groß und hat innerhalb seiner Reichweite ähnliche Möglichkeiten. Unglücklicherweise wird seine Kraft durch das Gemüt und die nach außen gerichteten Sinne aufgesplittert. Die Strahlen der Sonne verbrennen niemanden; werden sie aber durch eine Konvexlinse geleitet, so sammeln sie sich an einem Punkt und setzen die Dinge auf der anderen Seite in Brand. So identifiziert sich der Geist, wenn er vom Gemüt getrieben wird, mit den physischen Sinnen. Er denkt nie, dass er von ihnen getrennt und in Wirklichkeit der Beherrscher und Regent des Universums ist.

Der Geist ist die große, bewegende Macht und die dynamische Kraft hinter all unseren Gedanken, Worten und Taten. Selbst Himmelskörper wie Sterne, Sonne und Mond bewegen sich durch seinen Antrieb. Jegliche Energie - sei sie physisch oder metaphysisch, mechanisch oder elektrisch, magnetisch oder die Schwerkraft, atomar oder nuklear, sie ist eine Teiloffenbarung dieser ursprünglichen Energie Gottes. Sie erschafft endlose Systeme und Universen in einem Augenblick, zerstört sie und schafft sie wieder von Neuem. Doch leider erkennen wir diese unsichtbare Kraft nicht, sondern befassen uns nur mit ihrer Wirkung und sehen nicht die verborgene Hand hinter dem Marionettenspiel der Welt.

Wir versuchen die ganze Zeit das Phänomen des Schattens und der schattengleichen Dinge zu verstehen und wissen beinahe nichts über das Wesentliche. Der Geist hat so auf tragische Weise seine verborgene Göttlichkeit, seinen göttlichen Ursprung völlig vergessen. Sie muss erweckt werden, damit der Geist seine volle Leistungskraft erlangt und wie die Meisterseelen wunderbare Begebenheiten bewirken kann. Die eigentliche Ursache für diesen bedauernswerten Zustand ist die Unwissenheit. Viele wissen nicht, dass der Lebensgeist mehr ist als das Fleisch und der Körper, mehr als das Kleid, wie Christus es ausdrückte.

Der Mensch sollte sich von den weltlichen Freuden abwenden, damit er mit himmlischen Gaben gesegnet werden kann. Genau wie der hübsche Josef von seinen Brüdern in einen Brunnen geworfen wurde, so ist auch der Geist mit Gemüt und Sinnen in den Brunnen des Körpers gefallen und befindet sich nun in einem hilflosen Zustand. Wenn wir die wunderbare Strickleiter ergreifen könnten, die Gott, der Vater, in jedem von uns bereitgestellt hat, würden wir wieder heraussteigen können. Es ist der Tonstrom, der uns aus diesen dunklen, abgründigen Tiefen in das gütige Licht Gottes herausholen kann und uns in die vielfältigen, spirituellen Welten führt, die für uns derzeit unsichtbar sind.

Die physischen Augen können nur physische Dinge sehen und beide sind Verfall und Tod unterworfen. Wenn aber unser inneres Auge geöffnet werden könnte, würden wir die unsterblichen und unvergänglichen Bereiche sehen.

Shamas Tabrez sagt:

> *Ein Tier, mit seinem Kopf nach unten,*
> *mag die ganze Zeit*
> *an Essen und Trinken denken.*
> *Doch der Mensch, der das Haupt erhoben hat,*
> *sollte sich schämen,*
> *wenn er nicht nach oben schaut.*

Solange der Mensch sich nicht über die Welt der Sinne erhebt, bleibt er unwissend was die höheren Himmel betrifft, die für seine Glückseligkeit gedacht sind.

Maulana Rumi betont:

Solange der Geist sich nicht über das Körperbe-
wusstsein erhebt,
bleibt er den jenseitigen spirituellen Welten ein
Fremder.

Wenn der Geist einmal die physische Ebene überschreitet, erbt er das spirituelle Königreich als sein
Geburtsrecht, denn das Reich Gottes liegt im Inneren.

Hafiz Shirazi legt dar:

Wenn du die Karawanserei des Körpers nicht
verlässt,
wie kannst du dann die wahre Heimat deines
Geliebten erreichen?

Wenn sich der Geist über die Sinne erhebt, bezeichnet man das in *Sant Mat* (dem Weg der Heiligen)
als *Tod im Leben* und in der vedantischen Termino-
logie als Selbstanalyse. Christus nennt es *die Zweite*
Geburt oder das *Vom neuem geboren werden* und die
Muslime sprechen vom *Sterben vor dem Tod*. Dieses Eintauchen in Gott ist die wahre Auferstehung
oder der Beginn eines neuen Lebens. Dies ist nur
möglich, wenn man den Pfad einer Meisterseele betritt, was nichts anderes als der Weg des Tonstroms
ist.

Der Meister weilt unter uns als personifiziertes Wort
oder wie die Evangelien von Christus sagen: *Das*
Wort wurde Fleisch und wohnte unter uns. In dem Er

uns Seinen eigenen Lebensimpuls überträgt, erhebt Er uns vorübergehend über das Körperbewusstsein und gewährt uns eine direkte innere Erfahrung des Licht- und Tonprinzips. Das kann man durch tägliche, regelmäßige Übung beliebig lang ausdehnen. Es bringt den Geist stufenweise von der physischen zur astralen oder mentalen Ebene, dann zur kausalen oder Ursachenebene, bis er schließlich die rein spirituelle Ebene erreicht, Sach Khand, die wahre Heimat unseres Vaters.

Wenn die Seele am Ende ihrer Reise die wahre Heimat des Vaters erreicht und die göttliche Herrlichkeit in ihrem unbeschreiblichen, strahlenden Licht erblickt, beginnt man Gott in allem im Universum zu sehen. Als Christus und Buddha sich über das Körperbewusstsein erhoben, sprachen sie von dem Weg als jenem, der zum *Reich Gottes*, bzw. zum *Nirwana* führt. Die Muslime nennen es *Mukam-i-Haq* und die Christen *das Neue Jerusalem*.

Dazu sagte Christus:

Sehet den Herrn.

Und Guru Nanak rief aus:

Der Herr von Nanak ist überall sichtbar.

Als der Weise von Dakshineswar, Sri Ramakrishna Paramhansa, von dem jungen Naren (wie Swami Vivekananda[59] damals hieß) gefragt wurde, ob er Gott gesehen habe, antwortete er:

Ja, mein Kind, ich habe Ihn so deutlich gesehen, wie ich dich sehe, nein, viel klarer noch.

Der Herr von Nanak ist in seiner Fülle überall
und in allen Dingen gegenwärtig.
Guru Granth Sahib, Suhi M. 5

Der Unsichtbare,
der Unbegreifliche,
der Unnahbare
offenbart sich dem wahren Ergebenen
in all Seiner Herrlichkeit.
Guru Granth Sahib, Sri RagM 4

Der Gott Nanaks wohnt allen Formen und Farben inne, seien sie sichtbar oder unsichtbar. Gott ist groß. Er ist absolut, unvorstellbar, unbeschreiblich und unvergleichlich. Er ist weder Ton noch Licht. Er ist in sich selbst das, was Er ist, doch in der gewöhnlichen Sprache muss man Ihn mit Worten von begrenzter Bedeutung beschreiben, die aus der begrenzten Quelle des Intellekts kommen.

Gott, der Unendliche, muss natürlich
in endlichen Worten beschrieben werden.
Wie kann ich erkennen, was Er ist?
Guru Granth Sahib, Sorath M. 5

Als die absolute Kraft ins Sein kam und der sich-zum-Ausdruck-bringende Gott wurde, entstand eine Schwingung, die das Licht- und Tonprinzip hervorbrachte, das von allen Heiligen als Licht und *Udgit* bezeichnet wird. Der absolute Gott kann nicht gesehen oder gehört werden, denn bisher hat noch niemand Gott gesehen. Der sich-zum-Ausdruck-bringende Gott kann durch das Licht- und Tonprinzip gesehen und gehört werden. Das kann nur vom Geist durch die innere Schau und das innere Hören erfahren werden, die wirksam sind, wenn man sich über das Körperbewusstsein erhebt. Die Heiligen nennen den absoluten Gott auch *Maha Dayal* und den sich-zum-Ausdruck-bringenden Gott *Dayal*. Dieser Tonstrom ist für die verschiedenen Schöpfungen verantwortlich, für die spirituellen Ebenen und all die Bereiche in ihren verschiedenen Anordnungen und Abstufungen. Dieser von oben nach unten kommende Tonstrom schafft die rein spirituellen, die spirituell-materiellen, die materiell-spirituellen und die materiellen Ebenen. Die drei letzten Ebenen vergehen bei der großen Auflösung und der Auflösung.

Jede dieser Ebenen hat ihre besonderen, sie beherrschenden Gottheiten: So ist *Jot Niranjan* der Herr von *And*, der feinstofflichen oder mentalen Ebene. Er ist der Schöpfer des materiellen und physischen Universums, welches das nächst untere in der Hierarchie ist. *Onkar* ist der Herr der kausalen oder Ursachenregion und der Schöpfer der darunter liegenden Ebene von And oder des feinstofflichen Universums. Andere Gottheiten herrschen über weitere Ebenen in der aufsteigenden Ordnung des Schöpfungssystems. Natürlich leiten alle ihre Autorität vom *Sat Purush* oder *Sat Naam*, *Dayal* oder *Ekankar* ab, von der höchsten Region.

Wenn sich der Geist vom Körper zurückzieht, schreitet er allmählich von einer Ebene zur nächsten fort, bis er *Sat Naam* oder *Haq* erreicht. Durch das, was bisher gesagt wurde, sollte klar sein, dass der Geist bis dahin ein von *Sat Naam* getrennt bestehendes Wesen ist. Der Höchste Herr von allem wird *Khasum*, der Gott von allen, *Soami*, *Hari Rai*, *Maha Dayal* oder *Nirala* genannt, einzigartig in Sich Selbst und unbeschreiblich. Der Geist geht in Ihm auf, so wie sich ein Wassertropfen ins Meer verliert oder ein Lichtstrahl in der Sonne.

> *Wie das Wasser sich mit Wasser vermengt,*
> *so geht Licht in Licht auf.*
> Guru Granth Sahib, Gauri M.5

> *Wie sich ein Lichtstrahl in der Sonne verliert*
> *und ein Tropfen im Ozean,*
> *so auch das Licht des Geistes*
> *in dem großen Licht.*
> Guru Granth Sahib, Bilawal M.5

Dieser Zustand kann nicht beschrieben werden. Die muslimischen Heiligen nennen ihn *Hairat*, *Hairat*, die Hindus *Aschraj*, *Aschraj* und die Sikhs *Waho*, *Waho* - alles Ausrufe des Erstaunens. Die Lehren der meisten Hindu- oder Muslim-Heiligen reichen bis zu Brahm. Sehr selten finden wir in ihnen Hinweise auf Par Brahm. Das Ideal der Meister liegt jedoch weit über dem Letzteren - es ist eine Ebene, die sich in Sicherheit, jenseits der Reichweite der Auflösung und großen Auflösung befindet.

XI. Die Erfahrung der idealen Religion – eine innere Errungenschaft

Für das Experiment der Vereinigung der Seele mit der Überseele muss man in das Labor des menschlichen Körpers eintreten, so wie der Student den entsprechenden Raum für einen wissenschaftlichen Versuch betritt und alle Türen und Fenster schließt, damit ihn der Lärm und die Unruhe von außerhalb nicht bei seiner Arbeit stören. Auf dem Tisch hat er verschiedene Gegenstände und Instrumente liegen, die alle ganz rein, sauber und einsatzbereit sind, bevor er unter der Anleitung seines in dieser Wissenschaft erfahrenen Lehrers mit dem Experiment beginnt. Er ist zielgerichtet und konzentriert, seine Aufmerksamkeit ist ganz bei der Sache und er widmet sich ihr aus ganzem Herzen. Selbst wenn er ein- oder zweimal versagt, lässt er sich bei seinen Bemühungen nicht entmutigen, sondern wiederholt den Vorgang immer wieder von Neuem - bis er Erfolg hat.

Auf genau dieselbe Weise muss das spirituelle Experiment im menschlichen Körper ausgeführt werden, nachdem alle physischen Sinne ihre Aktivitäten beendet haben, um den Lärm und das Getriebe der Welt draußen zu halten. Dieser Prozess des Nach-innen-Gehens besteht im Zurückziehen der Sinnesströme, indem man sie am Sitz der Seele oder des Bewusstseins sammelt, hinter und zwischen den beiden Augenbrauen.

Anders formuliert: Der Geist, der gegenwärtig den ganzen Körper von oben bis unten erfüllt und mit der Welt identifiziert ist, muss an einer Stelle gesammelt werden, bis man die Vorstellung völlig verliert, einen Körper zu haben. Hat man alle Öffnungen geschlossen, durch welche die Aufmerksamkeit nach außen strömt, kann das spirituelle Experiment in der Gegenwart einer Meisterseele beginnen. Unter Seiner Führung und Anweisung muss man den ganzen Vorgang mit voller Aufmerksamkeit und liebevoller Hingabe durchlaufen.

Dann ist man kein physisches Wesen mehr, sondern reiner Geist – so wie die strahlende Form des Meisters, der personifizierte Ton, Naam, Shabd, Sruti, Naad, die verborgene Melodie oder wie immer man Ihn auch nennen mag. Den Geist damit zu verbinden ist nur möglich, wenn das Gemüt frei von allen mentalen Schwankungen ist und der Intellekt vollkommen in Ruhe, und so innen und außen eine friedliche Stille hergestellt wurde.

Nur den Körper zu waschen nützt nicht sehr viel. Der äußeren Sauberkeit muss die innere Reinheit vorangehen.

Zuerst soll das Gemüt von allen Wünschen, Ärger, Sehnsüchten, Verhaftungen und Egoismus gesäubert und gereinigt werden, bevor man mit dem spirituellen Experiment beginnt.

Durch äußeres Waschen, ohne das Gemüt im Innern zu reinigen, verliert man bei beidem -

146

sowohl hier als auch danach.
Immer gequält von Lust und Ärger,
ist man verloren und verwirrt.

Guru Granth Sahib, Asa M.5

Auch Mohammed legte großen Wert auf die Reinheit des Gemüts. Er sagte, dass *Namaz* (Gebet) der Schlüssel zu *Jannat* (Paradies) sei und die Reinheit des Herzens der Schlüssel zu Namaz. Und wiederum, dass Keuschheit mehr als den halben Weg auf dem Pfad zu Gott ausmacht.

Christus sagt:

Selig sind die, die reinen Herzens sind.

Innere Reinheit jedoch kann man nicht erlangen, indem man nur den Körper wäscht. Der physische Schmutz kann leicht mit Wasser beseitigt werden. Flecken können mit Seife ausgewaschen werden, aber das sündige Gemüt wird nur durch die Verbindung mit dem Wort gereinigt.

Daher betont Guru Nanak:

Wenn die Glieder schmutzig sind,
werden sie mit Wasser reingewaschen.
Wenn die Kleider beschmutzt und fleckig sind,
werden sie mit Seife gereinigt.
Wenn unser Gemüt durch Sünden unrein geworden ist,
kann es nur durch die Verbindung mit dem Wort gereinigt werden.

Jap Ji, St..20

Wir können uns mit dem Wort verbinden und es praktizieren, indem wir das innere Bewusstsein mit dem Tonprinzip verbinden. Um das zu erreichen, muss man das Gemüt und die Sinne unter Kontrolle halten.

> *Wer die zehn Sinne (* fünf äußere und fünf innere) kontrollieren kann,*
> *mag das Licht des Himmels sehen.*

Guru Granth Sahib, Gauri M5

Der Geist, der ganz allein dieses Experiment machen muss, kann nichts erreichen, solange er im stürmischen Meer der Leidenschaften verloren gegangen ist. Wie ein leckgeschlagenes Boot, das kein Ruder hat um es auf Kurs zu halten, wird er auf den Wellen von den unberechenbaren Winden und Wassern hilflos hin und her geworfen.

Bevor man nicht eine greifbare Erfahrung vom Selbst und von Gott macht, kann man nicht wirklich glauben und kein unerschütterliches Vertrauen in die Existenz Gottes haben.

Die Heiligen und Meisterseelen überschreiten tatsächlich die Grenzen der drei Körper – des physischen, astralen und kausalen – und erlangen wirklich eine Erfahrung und Verbindung mit der Wahrheit im Innern. Daher sind sie kompetent, die Menschheit auf dem sicheren Weg zu Gott zu führen; sie sprechen aus eigener Erfahrung und nicht von einem Wissen das man durch Hörensagen oder aus zweiter Hand, aus alten Schriften, von gelehrten Priestern oder Theologen erlangt hat.

Hört auf das wahre Zeugnis der Heiligen.
Sie sagen das, was sie tatsächlich selbst sehen.

Guru Granth Sahib, Ramkali M. 5

Gottmenschen verlangen niemals blinden Glauben in ihre Lehren. Im Gegenteil, ihr Appell an uns ist:

Glaube nie den Worten eines Meister-Heiligen,
bis du eine wirkliche Erfahrung
von dem gemacht hast, was Er sagt.
Ehe ich die Wahrheit nicht mit meinen eigenen
Augen gesehen habe, kann ich nicht völlig
von dem überzeugt sein, was der Meister sagt.

Soamiji[60]

Als ich (die Wahrheit) mit meinen eigenen Augen
sah, glaubte ich wirklich den Worten
des Meisters.

Tulsi Sahib

Die Meisterseelen glauben an das, was der Geist erfährt und direkt bezeugen kann. Wie der Rishi Ashtavakra[61] sind sie in der Lage, hier und jetzt etwas zu geben. Die Meister machen keine leeren Versprechungen, die sich erfüllen können oder nicht, noch machen sie uns falsche Hoffnungen, die wahr werden können oder nicht. Ihre Religion ist etwas, was man wie echtes Gold direkt in die Hände bekommt, nicht nur eine Gutschrift (für später). Warum sollte man sich dann mit Riten, Ritualen befassen und verdienstvolle Taten verrichten, in der

Hoffnung auf eine ungewisse Belohnung nach dem Tod? Die menschliche Geburt ist zu kostbar und das Leben ist leider zu kurz, um mit nutzlosen Dingen vergeudet zu werden - die am Ende doch keine Frucht tragen.

XII. Das richtige Ziel

Um den Leiden und Sorgen zu entgehen und höchstes dauerhaftes Glück zu erlangen, rackern sich Menschen kopflos ab und erreichen am Ende doch nichts. Der ist ein weiser Mensch, der ständig ernsthafte Anstrengungen in die richtige Richtung macht und niemals sein Ziel oder Ideal aus den Augen verliert. Hat man kein klares Ziel, wandert man planlos und endlos in tiefster Finsternis umher. Ein klar umrissenes Ziel dagegen dient als Leuchtfeuer, das den müden Wanderer Schritt für Schritt führt und dem Ziel der Reise näherbringt.

Sich nur anzustrengen, ohne die Aufmerksamkeit auf das entsprechende Ziel zu richten, kann niemanden irgendwohin bringen. Ziel und Anstrengung müssen Hand in Hand gehen, bevor man auf Erfolg hoffen kann. Mit einem Leben, in dem man sich aufs äußerste anstrengt, aber gleichzeitig dem Ziel den Rücken zuwendet, wird man sicher nichts erreichen.

Die Suche in der falschen Richtung
kann niemals fruchtbar sein.

Kabir

Das würde nur bedeuten, sich mit verbunden Augen endlos im Kreis zu drehen, wie ein Ochse, der an einer Ölpresse eingespannt ist und den ganzen Tag mit Scheuklappen an den Augen im Kreis geht. Auf diese Weise kommt man nicht aus dem Teufelskreis heraus und kann keinen Fortschritt machen. Wohin man sich auch wendet, findet man in der Welt Kampf und Unruhe. Ein Geschöpf ernährt sich vom anderen und sie kämpfen ständig um ihr Überleben. Diese riesengroße Verwirrung entsteht in Wirklichkeit durch Unwissenheit oder weil wir unser Ziel, unsere Bestimmung nicht kennen. Das menschliche Leben hat wie jedes andere Leben sein eigenes Eldorado, über das man im wahren Buch des Lebens etwas lernen kann. Alle heiligen Texte und alles Wissen der Welt sind nichts anderes als das Ergebnis der Entfaltung des Geistes in den intellektuellen Zentren im menschlichen Körper. Alle Inspirationen kommen von der Seele im Inneren, der Quelle allen Wissens und aller Weisheit. Wirklich wunderbar ist das Haus, in dem wir leben. Gott selbst offenbart sich der menschlichen Seele heute genauso wie früher, vorausgesetzt, sie ist liebevoll, rein und empfänglich. Der Körper ist der wahre Tempel Gottes, in dem der Geist des Menschen und der Geist Gottes zusammenleben; ansonsten wäre er nur ein Leichnam und nur dafür gut, den Flammen oder dem Grab übergeben zu werden.

Shamas-i-Tabrez[62], ein bekannter, muslimischer Heiliger sagt:

> *An der Seite dieses Grashalms des menschlichen*
> *Körpers flutet ein endloser Strom des Lebens.*
> *Im Herzen dieses Atoms verborgen,*
> *ist das Licht von hundert Sonnen.*

Es ist dem Menschen aber leider nicht gegeben, die Geheimnisse des Lebens ohne die Hilfe einer Meisterseele zu erkennen. Der gesamte Makrokosmos liegt im Mikrokosmos verborgen. Man muss tief im Innern graben, um die unsagbaren Schätze der Spiritualität an der Wurzel der Seele zu erlangen. Wer außen umherwandert und nach Gott sucht, der ist nur ein Zweifler und Ketzer und kennt die wirkliche Wahrheit nicht.

Alles ist im Körper und nichts ist außerhalb.
Wer im Äußeren sucht,
wandert in der Täuschung.

Guru Granth Sahib, Majh M.5

XIII. Der Pfad der Meister: Die einzige wahre Religion - Para Vidya oder die Wissenschaft vom Jenseits

Der Mensch kann eine eng begrenzte Sicht haben oder weit blicken können. Der eine kann nur das sehen, was gerade vor seinen Augen liegt, und ein anderer kann in weit entfernte, himmlische Regionen vordringen. Zwischen diesen beiden liegen Welten. Deshalb sollten wir nach einem Menschen suchen, der vollständig im Göttlichen oder der Göttlichkeit verankert ist und ein bewusster Mitarbeiter Gottes ist. Dann mögen wir durch ihn Gottes Wege erkennen und verstehen, und Zugang haben zu einer wirklichen Gotteserfahrung.

Die Gotterkenntnis ist eine innere Wissenschaft der Seele und daher als Para Vidya oder das Wissen vom Jenseits bekannt, im Gegensatz zu Apara Vidya, dem Wissen und der Erfahrung, die man auf der Ebene der Sinne erlangt. Alle wissenschaftlichen Kenntnisse mit ihrer enormen Reichweite und zahllosen Möglichkeiten bleiben dennoch ein Wissen über die physische, materielle Welt und sind nicht das elementare Wissen. Sie umfassen nur die materielle Schöpfung und geben dem Intellekt Nahrung. Para Vidya hingegen befasst sich mit dem Schöpfer oder der Wirklichkeit hinter der ganzen Schöpfung und gibt der Seele oder dem Geist Nahrung. Apara Vidya behandelt die Dinge, die im Bereich der Sinne liegen - mit den Gesetzen die ihr Wachstum bestimmen und wie man sie bezwingen und in den Dienst der Menschheit stellen kann. Para Vidya befasst sich mit dem aktiven Lebensprinzip, das in der Schöpfung wirkt und es uns ermöglicht, den Lebensimpuls in allen Lebewesen wahrzunehmen.

Ein Mensch mag sich gut mit der Welt auskennen und dennoch überhaupt nichts über das fundamentale und grundlegende Lebensprinzip wissen, das in ihm wirkt und welches das Leben seines Lebens und seiner Seele ist. Die Selbsterkenntnis ist daher der Schlüssel, der alle Probleme des Lebens löst. Das Wissen über die Welt bringt dem Menschen wenig, wenn er nicht weiß, wer er ist. Bildung und Wissen schärfen den Intellekt und erweitern sein Wirkungsfeld – so weit, wie sich die Schöpfung erstreckt (falls das möglich ist). Je mehr sich jemand im Äußeren zum Ausdruck bringen mag, desto weiter ist er entfernt vom Ideal wahren Lebens - dem Leben des Geistes.

Bu Ali Qualander[63] sagt:

> Alles, was wir sehen, ist eine große optische Täuschung, eine bloße Schimäre und eine Fata Morgana ohne wirkliche Existenz.
> Alles, was wir wissen, ist völlige Unwissenheit.

Soamiji sagt:

> Ein Mensch der Intuition und Verwirklichung ist ein Adept in der inneren Wissenschaft,

während ein Gelehrter lediglich
ein unwissender Tor ist,
der unter der drückenden Last der Bücher stöhnt.

Die Wissenschaft kann uns etwas über die physischen Phänomene und ihre Zusammenhänge berichten, aber sie kennt nicht die schöpferische Kraft, die dahinter steht. Der Sinn des Lebens ist nicht, das theoretische Wissen aus den Büchern zu erlangen, sondern das Lebensprinzip zu erkennen, das in der gesamten Schöpfung wirkt – ganz gleich wie man es nennt – das Wort, Kalma, oder Naam. Die Meisterseelen sagen, dass das wahre Wissen erblüht und verwirklicht wird durch die Verbindung mit dem Tonstrom, Shabd oder Naad - und nicht nur durch das Lesen der Heiligen Schriften oder anderer Literatur.

Die Wissenschaft der Meister ist eine innere Wissenschaft. So war es seit undenklichen Zeiten. Sie wird Para Vidya genannt, es ist ein Wissen, das aus sich selbst heraus existiert, ein unabhängiges Wissen, das nicht irgendein anderes Wissen voraussetzt. Sie ist die älteste, die natürlichste und eine vollkommene Wissenschaft, aber sie kann nicht allein durch Bücher erlangt werden. Die Schriften haben zweifellos den Versuch gemacht, sich mit der spirituellen Wissenschaft ausführlich zu befassen. Aber all diese Versuche sind fehlgeschlagen, denn die Wirklichkeit, unendlich wie sie ist, kann weder auf leblose und trockene Blätter beschränkt bleiben, noch gibt es irgendetwas im Äußeren, mit dem sie verglichen werden könnte. Darüber hinaus haben die Verfasser mit endlichen Worten und dem begrenzten Verstand nicht die Mittel, um sie angemessen zu beschreiben.

Was intellektuelle Diskussionen oder philosophische Polemik betrifft, haben die Meisterseelen immer zu äußerster Zurückhaltung geraten, da die Wirklichkeit weit jenseits des Bereiches der Sinne, des menschlichen Gemüts und Intellekts liegt. Sich nur intellektuell mit etwas zu befassen, kann nicht das Leben verändern. Voller Mitgefühl betonen die Meister und ermahnen uns:

Seid Täter des Wortes und nicht Hörer allein.

Ihre Lehren sind bares Geld und lassen keinen Raum für Kreditgeschäfte. Es handelt sich um eine praktische Wissenschaft und nicht um bloßes Theoretisieren. Zuerst muss man die Theorie lernen, die eigene Logik aufgeben, dann praktizieren und sehen, was man erlangt.

Das Geheimnis des Erfolges liegt darin, das
Gelernte zu praktizieren
und nicht im Nachdenken und Argumentieren.
Lasst alle Diskussionen und Abhandlungen.
Praktiziert es - und erlangt die Wahrheit.
Soamiji

In der Mandyuk Upanishad steht geschrieben, dass einmal ein Mann namens Shounack zu dem Weisen Bhardwaj ging und ihn fragte: Meister, erzählt mir von dem Wissen, durch das man allwissend wird. Der Weise erwiderte:

0 Shounack, jene die Brahm erkannten, sagen uns, dass es zwei Arten von Wissen in der Welt gibt: Apara Vidya und Para Vidya. Das erstere besteht im Studium der Veden und anderer Schriften, und aller Arten gewöhnlicher Wissenschaften wie Astronomie, Grammatik usw. Dies aber bringt dich nicht dazu, Brahm von Angesicht zu Angesicht zu begegnen. Das Letztere, Para Vidya, ist das Wissen vom Jenseits, womit man Brahm finden kann, den unwandelbaren Ashkar. Es ist etwas Praktisches und befasst sich mit der Selbsterkenntnis und der Gotteserkenntnis, die sich beide jenseits des Bereiches der Sinne, des Gemüts und des Intellekts befinden. Es kann durch den reinen Atman (Geist) erkannt werden, aber erst nachdem der Geist durch richtige Kontemplation die verschiedenen Koshas oder Hüllen abgelegt hat, von denen er umgeben ist, und sich so befreit hat und den physischen, den feinstofflichen und den kausalen Körper überschritten hat. Während die Apara Vidya eine Buchgelehrsamkeit der Welt ist, ist Para Vidya eine Wissenschaft des sich nach innen Wendens oder des Zurückziehens des Geistes von der Welt und den weltlichen Dingen und Beziehungen - und das ist die Wurzel allen Wissens.

XIV. Apara Vidya (weltliches Wissen) und sein Wert

Die Schriften sind wunderbare und wertvolle Aufzeichnungen der persönlichen Erfahrungen großer Seelen auf ihrer Suche nach der Wirklichkeit, und als solche verdienen sie alle Achtung und Verehrung. Das Studium der Schriften hat seinen eigenen Wert. Diese Bücher erwecken in uns bis zu einem gewissen Grad den Wunsch, Gott zu erkennen. Wenn wir sie lesen, werden wir auch dazu angeregt, in der Wissenschaft des Lebens zu experimentieren und einen lebenden Meister zu suchen, der kompetent ist, uns in die ersten Schritte dieser Wissenschaft einzuführen. Nur so eine Persönlichkeit kann uns helfen und uns auf dem spirituellen Weg von Ebene zu Ebene führen. Darüber hinaus sind uns die Schriften von keiner Hilfe.

Die wirkliche Hilfe kommt allein von einem lebenden Meister, der uns das uralte Experiment wiederholen lässt. Um uns zufriedenzustellen, verweist er uns auf die aufgezeichneten Ergebnisse und Schlussfolgerungen in den Schriften, damit wir sie selbst grundlegend überprüfen. Der lebende Meister ist wiederum derjenige, der die alten Texte richtig auslegen und uns ihre richtige Bedeutung vermitteln kann. Da er mit der Kraftquelle oder der Wirklichkeit verbunden ist, kommen seine Worte von Gott selbst, auch wenn sie äußerlich durch die menschliche Kehle zu kommen scheinen.

*Seine Worte sind die Worte Allahs (Gott),
obwohl sie scheinbar von Abdullah kommen
(Seinem Diener).*

Koran

Guru Nanak erklärt:

*0 Lalo, ich öffne den Mund nur, um Worte zu
sprechen, die von meinem Geliebten (Gott) zu
mir kommen.*

Solche Worte göttlicher Weisheit, die direkt von
den Gottmenschen kommen, sind kostbarer als
die wunderbarsten Gedanken, die in den heiligen
Büchern aufgezeichnet sind. Sie alle haben keine
andere Bedeutung, als in uns den Wunsch zu erwecken, Gott zu erkennen. Sie können uns aber nicht
helfen, uns nach innen zu wenden, dort anzuklop-
fen, uns zurückzuziehen und nach innen zu gehen,
sowie mit dem Wort, Naam oder Kalma verbunden
zu werden.

Unglücklicherweise verstricken sich die Menschen
der Welt in die Bücher und hängen an ihnen, als
wären sie ihre Hauptstützen im Leben, ohne zu
versuchen, dieses Wissen zu praktizieren, nämlich:
„Stimme dich auf Gott ein." Ohne dieses Einstim-
men ist man in die Welt verstrickt, an die Schriften
gebunden und findet keine Glückseligkeit.

*Die Srutis und Puranas sprechen alle vom Weg.
Doch statt frei zu werden, versinkt man immer
tiefer im Sumpf.*

Ramayana - Tulsi Das

Im Gegensatz dazu zeigt uns ein lebender Meister den Ausweg und stellt uns auf eine Schnellstraße, die zum Unendlichen führt. Er führt die müde Seele, die durch den Lebenskampf in der Welt hin und her gerissen wird. Das ist eine Aufgabe, die kein Buch bewältigen kann.

Der Mensch selbst ist das älteste empfindsame Wesen auf Erden. Alle Religionen und alle Heiligen Schriften sind erst nach seinem Erscheinen entstanden. Alle Religionen wurden zum Wohle des Menschen gegründet und es war nicht der Mensch für irgendeine Religion bestimmt.

Gott schuf den Menschen und der Mensch schuf die Religionen. Der Mensch ist der Verfasser aller Schriften, aber das große Geheimnis des Lebens, das er beschreibt, liegt immer im menschlichen Herzen. Niemand kann es erkennen und lösen, es sei denn, eine Meisterseele zeigt ihm den Weg nach innen und hilft der Seele, sich zurückzuziehen und alle physischen, astralen und kausalen Begrenzungen zu überwinden. Nur dann kann sie einen Blick ins Innere werfen und die innere göttlichen Musik hören.

Der Mensch ist ständig damit beschäftigt, Schriften zu rezitieren und vor großen Versammlungen die heiligen Texte zu erläutern. Doch leider hat er selbst keinen Zugang zu der Wirklichkeit, die er analysiert, anderen predigt und um die er so viel Lärm macht.

Er analysiert die heiligen Schriften, um darüber zu diskutieren, ohne die Wahrheit zu kennen.

Die Wirklichkeit kann nicht erkannt werden,
außer durch eine Meisterseele, die den wahren
Weg zum wahren Einen weist.

Guru Granth Sahib, Maru M 1

Es gibt einen entscheidenden Unterschied zwischen
einem Menschen und den Schriften: Der Mensch
ist ein fühlendes Wesen, mit Bewusstsein und Vernunft beschenkt, das sich dessen bewusst ist. Die
Texte dagegen empfinden nichts und können sich
daher auch nicht bewusst sein, dass sie unbeweglich und leblos sind, und dass sie ohne jemanden,
der sie richtig interpretiert, kein richtiges Wissen
vermitteln können. Wie könnten die Heiligen
Schriften mit einer lebenden Person sprechen, mit
ihr diskutieren und versuchen, sie zu überzeugen?
Jeder glaubt, dass er mit seinem Buchwissen und
seiner Bildung die Wahrheit kennt, ohne zu verstehen, dass man das Unendliche nicht mit endlichen Mitteln begreifen kann. Seine Kraft kann nur
der Geist spüren, wenn er unter der Leitung und
Anweisung einer lebenden Meisterseele auf richtige
Weise darauf abgestimmt und ausgerichtet wird.

Solange wir keine innere Erfahrung der Seele haben, leben wir in tiefster Dunkelheit. Buchwissen
wird zu einer Last, da es das Gemüt durch die Sinne immer mehr in die Welt hinauszieht. Es bewirkt,
dass wir uns durch die ständige Verbindung mit der
Welt und weil wir ständig in Begriffen denken, die
sich auf den Körper und seine Beziehungen mit seinem Umfeld beziehen, mit den Sinnen identifizie-

ren. Im Gegensatz dazu erfüllt die Selbsterkenntnis das eingeborene Verlangen und den Hunger der Seele nach Frieden und Glück. Wir müssen nur vom Buch des Menschen lernen, weil das höchste Studium des Menschen der Mensch ist.

Wenn ein Mensch einmal fähig ist, das Buch der Seele aufzuschlagen und die großen, unermesslichen Möglichkeiten zu sehen, die darin verborgen liegen, dann geht in ihm ein neues Erwachen und ein neues Licht auf, das schattenlos und nicht-erschaffen ist. Das bezeichnet man als Erneuerung, Wiedergeburt oder Auferstehung. Es beendet die sonst endlosen Leiden, Sorgen, Wünsche und Nöte des Menschen, und er wird fest eingebettet in seine ursprüngliche Göttlichkeit. Die Seele, befreit von allen weltlichen Bindungen, kommt zu sich selbst. Sie erkennt ihre wahre, göttliche Natur und versucht ihre Quelle und ihren Ursprung, den großen Ozean des Bewusstseins zu finden und zu verstehen, der drei wesentliche Elemente beinhaltet – Leben, Licht und Liebe. Gelangt die Seele zu dieser höchsten Wahrheit, erlangt sie für immer Glückseligkeit und ewige, vollkommene Ruhe. Doch diesen ganzen Prozess spiritueller Entwicklung, der in das universale Bewusstsein einmündet, kann man nur durch die Gnade eines Gottmenschen erlangen und nicht anders.

Dies ist das grundlegende Gesetz seit dem Beginn der Schöpfung und es lässt keine Veränderung zu. Wie es nur einen Gott und nur eine Wirklichkeit gibt, so gibt es auch nur einen Weg, der zu Ihm führt - den Weg der Meister. Das ist nichts anderes als Surat Shabd Yoga oder Yoga des Tonstroms. Deshalb betont ein muslimischer Heiliger:

Übergib alle Bücher den Flammen
und durch die ständige Erinnerung an den
Herrn verwandle dein Gemüt
in einen wahren Garten Allahs (Gottes).

Muslimischer Heiliger

Die Veden und Upanishaden berichten, dass man Atma Sidhi oder Selbsterkenntnis nicht durch das Studium oder das Anhören einer Rezitation der Schriften erlangen kann, da das Selbst weit jenseits des Bereiches von Gemüt und Intellekt liegt. Sie kann durch unmittelbare Erkenntnis, eine umfassende Erfahrung der Seele, mit Hilfe der Gnade einer Meisterseele erlangt werden.

Im 39. Vers des Sukat 164 von Mandal des Rig Veda und im 8. Vers, des Rig Veda der Shwetarshweta Upanishad heißt es, dass ein Mensch, der die erste, ursachenlose, aus sich selbst existierende, allem innewohnende Ursache kennt, welche die Seele der Veden ist und in der alle Götter und Göttinnen tief verwurzelt sind – nichts mit den Veden (im Sinne eines Schriftdokuments) zu tun haben wird. Nur diejenigen haben wahren Frieden, die in Ihm eingebettet sind.

Selbst wenn ein Mensch in den vier Veden, den achtzehn Puranas, den neun Viyakaranas, den sechs Shastras (sechs Schulen indischer Philosophie) und allen anderen heiligen Büchern der Welt gut bewandert wäre, so wäre er im Labyrinth der Schriften verloren und würde genauso weit von Gott entfernt bleiben wie je zuvor. Solange die menschliche Seele nicht mit Shabd oder dem Wort (der wirkenden Gotteskraft) in Verbindung kommt, fliegt sie wie ein Papagei in der Welt umher, der alles, was er hört, spontan zu imitieren beginnt. Alle philosophischen Diskussionen sind ein Ergebnis des trägen und eintönigen Intellekts und die Quelle der Verwirrung.

Es wäre viel besser, wenn man alles Wissen und alles Erlernte aufgeben würde und den einzig ruhenden, zentralen Pol - die Wirklichkeit - den Geber aller Seligkeit und allen Glücks, ergreift. Bulleh Shah, Guru Nanak und viele andere sprechen ebenfalls über das gleiche Thema.

Warum quälst du dich mit so vielen Büchern,
sind sie doch nur eine Quelle von Kopfschmer-
zen? Verstehe das Geheimnis des Zentrums
und verlasse den Teufelskreis endlosen, nutzlosen
Redens.
Bulleh Shah

Man mag Wagenladungen von Büchern lesen
und eine schwere Last auf dem Kopf tragen.
Doch alle solche Studien schmieden nur starke
Fesseln und halten einen darin festgebunden.
Man mag endlos lesen, jahrelang, monatelang,
nein, jeden Augenblick seines Lebens,

aber nur eines zählt, o Nanak,
alles andere macht uns selbstgefällig.

Guru Granth Sahib, Asa War M 1

Das Studium der Schriften, einschließlich der
Veden, ist weit davon entfernt, das Gemüt von
seinen Fesseln zu befreien.
Es macht uns nur noch egozentrischer.

Guru Granth Sahib, Sorath M.5

Hafiz, ein bekannter persischer Dichter, geht so
weit zu sagen, dass ein Mensch, solange er das intellektuelle Ringen nicht aufgibt, die Wahrheit
nicht kennt. Der Mensch sollte eines beachten: er
muss sich über sich selbst erheben, wenn er allen
Begrenzungen und Unzulänglichkeiten entfliehen
möchte. Wenn ein Problem gelöst werden soll,
muss man sich mit Herz und Seele dafür einsetzen.
Die Upanishaden ermahnen, dass Atma Vidya oder
Selbsterkenntnis nur dann erwacht, wenn die Sinne
zu Ruhe gekommen sind, das Gemüt gestillt und
der Intellekt ausgeglichen ist. Gelehrsamkeit und
Wissen mögen für einen spirituellen Menschen von
zusätzlichem Wert sein, für den weltlich Gelehrten
jedoch bilden sie sicherlich eine Dornenkrone.

Wissen mag einen spirituellen Adepten zieren,
doch für das sinnliche Gemüt
bedeutet es nur Kopfschmerzen.

Maulana Rumi

In der Brihadaraniak Upanishad wird erwähnt, dass ein ungebildeter Mensch in tiefster Unwissenheit versunken ist und ein Gebildeter sich in noch größerer Finsternis befindet. Warum? Weil ein gebildeter Mensch die Schönheit und Größe der Heiligen und ihrer heiligen Lehren kaum erkennen kann. Die Weisen und Heiligen legen deshalb großen Wert auf ein spirituelles Leben. Buchwissen hat für sie keinen wahren Wert. Die Worte der Weisheit, die wir nur vom Hörensagen kennen, und das Wissen, das wir aus Büchern haben, sind alle leblos und können als solche keinen Lebensimpuls auf andere übertragen. Es ist genau so, als ob man nur von Süßigkeiten spricht und nichts davon nimmt. Wenn jemand das Wort Pudding hundert Jahre lang wiederholen und sogar über die notwendigen Zutaten meditieren würde, kann er den Pudding doch nicht genießen und auch nicht davon satt werden, außer er isst ihn wirklich.

Bhai Gurdas[63] sagt das Gleiche in diesem Zusammenhang:

Durch Wiederholen des Wortes Zucker
schmeckt man nicht die Süße davon.

Durch Wiederholen des Wortes Feuer
ist man nicht von der Kälte befreit.

Durch Wiederholen des Wortes Arzt
ist man nicht von der Krankheit geheilt.

*Durch Wiederholen des Wortes Leiden
entgeht man ihm niemals.*

*Durch Wiederholen des Wortes Sandelholz
kann man sich nicht seines Duftes erfreuen.*

*Durch Wiederholen des Wortes Mond
sieht man nicht sein besänftigendes Licht.*

*Durch Wiederholen des Wortes Erkenntnis
kommt man nicht aus der Unwissenheit heraus.*

*Nur die wirkliche Praxis
bringt das himmlische Licht.*

Kabit Sawai 452

XV. Der Pfad der Meister:
Seine drei Grundbegriffe

Der Erfolg in der Spiritualität hängt von drei Faktoren ab:
1. Satsang (spirituelle Zusammenkunft)
2. Satguru (eine lebende Meisterseele)
3. Saat Naam oder Shabd (das Wort)

Satsang

Der Begriff Satsang besteht aus zwei Worten: Sat - damit ist Gott gemeint, die unwandelbare Dauer, und Sang - das bedeutet Vereinigung. Somit steht Satsang für die Verbindung mit Gott. Allein die Seele kann diese Verbindung erlangen, wenn sie alle Umhüllungen - die physische, astrale und kausale - abschüttelt. Es bedeutet zugleich auch die Verbindung mit einer lebenden Meisterseele, die eine Verkörperung des Lebensprinzips ist, das in ihr erwacht ist. Sat oder das Leben in seiner ganzen Fülle ist im Meister offenbar. Er lehrt nichts als reine Spiritualität, sie ist die Quelle des Lebens und ohne sie würden Menschen nur ein Leben ohne starkes Fundament, ein Leben der Illusion und Täuschung auf der Ebene der Sinne führen. Er erklärt uns, dass es neben den Sinnen, dem Gemüt und dem Intellekt noch eine andere Kraft gibt, die viel größer ist als sie alle. Denn sie ist es, die allem – der Seele und dem Geist - Leben gibt. Sie ist in Wirklichkeit die einzige Antriebskraft im Körper. Doch leider kennen wir sie überhaupt nicht und haben niemals an sie gedacht. Das ist das wichtigste, grundlegende und dennoch am meisten ignorierte Problem. Mit einem Heiligen, Weisen oder einer Meisterseele in Verbindung zu kommen, das wird einen Suchenden direkt in die Farbe der Spiritualität färben, so wie die Nähe zum Feuer Wärme gibt und die Nähe zu Eis Kälte. Es ist eine Tatsache, dass:

> *…Gott nicht in den höchsten Himmeln lebt, noch in den Tiefen der Erde, denn kein Raum reicht aus, Ihn zu erfassen. Doch Er wohnt wahrhaftig im Herzen eines Gottmenschen.*

Maulana Rumi

> *Mein Geist flog wie ein Vogel himmelwärts, aber das Paradies war ganz verlassen, da der Herr bei Seinen Heiligen wohnt.*

Kabir

Man kann sagen, dass solch ein Mensch dem in einem Pol offenbarten Gott gleichkommt, genauso wie ein elektrischer Schalter ein Pol ist für den Strom des Kraftwerks oder wie ein Badestrand am Meer, wo man sicher und bequem ins Meer eintauchen kann. Das wahre Kriterium eines solchen Satsangs ist, dass sich die Vorträge dort immer nur auf den Geist beziehen: auf seine Natur, seinen Platz und welche Bedeutung er im menschlichen Leben hat, was seine ewige Quelle ist - und wie man diese erreichen kann. Auf diese Weise zeigt der Gottmensch, wie man dem Leiden, Verfall und

Tod entfliehen kann, die in der Welt vorherrschen und denen alle Lebewesen unterworfen sind. Es gibt zwei Arten von Satsang - den äußeren und den inneren Satsang.

Äußerer Satsang

Damit bezeichnet man den Satsang in der äußeren Welt. Es bedeutet, in der Gemeinschaft mit einer Meisterseele zu sein, seine Reden und Vorträge zum Thema Spiritualität zu hören. Darin beschreibt er Atma Sadhan oder die spirituelle Disziplin und ermahnt er den Schüler auf seine ganz besondere, liebevolle Art, die ihn auszeichnet, eine bestimmte Zeit für Atma Sidhi oder die Selbsterkenntnis einzusetzen – das einzige, was von essenzieller Bedeutung für die Gotterkenntnis ist. Diesen Teil Seiner Arbeit kann man, vereinfacht ausgedrückt, als Theorie der spirituellen Wissenschaft bezeichnen.

In einer Versammlung wie dieser
erhält man einen wahren Schlüssel zu Gott.
Denn durch den Gottmenschen
erstrahlt dort tatsächlich Gott.
Guru Granth Sahib, Majh M.4

Bei einer spirituellen Zusammenkunft
hört man nur von Naam,
Naam allein wird dort in all seinen
verschiedenen Aspekten erörtert.
Guru Granth Sahib, Sri Rag M.l

Keine Zusammenkunft kann Satsang genannt werden, in der nicht eine Meisterseele den Vorsitz führt.

Guru Granth Sahib, Maru M.J

Innerer Satsang

Er findet im Inneren des Menschen statt und besteht darin, dass man entsprechend den Anweisungen des Meisters das Labor des menschlichen Körpers betritt und mithilfe von *Simran* und *Dhyan* (Konzentration) die sensorischen Ströme vom Körper zurückzieht. Und schließlich besteht er darin, die Seele, durch *Bhajan* (hören) mit *Dhun*, dem ewigen Tonstrom im Körper zu verbinden und sich auf das direkte Bindeglied zwischen der individuellen Seele und der Überseele einzustimmen. Auf diese Weise erreicht die Seele stufenweise *Moksha* oder Befreiung von Leiden, Verfall und Tod – den größten Feinden aller Sterblichen. Dieser Teil Seiner Mission wird *Surat Shabd Yoga* genannt und bildet den praktischen Teil der spirituellen Wissenschaft.

Der Satguru

Ein Sant oder Satguru ist die lebendige Verkörperung Gottes, denn die drei göttliche Eigenschaften Leben, Licht und Liebe sind in ihm in vollem Umfang vorhanden. Er ist ganz mit Sat oder wahrem Leben, Licht und Liebe geladen. Er ist eine Quelle des Göttlichen und der Liebe, und kompetent, alle Sucher gottwärts zu führen. Er ist ein echter Reiseführer auf der Hauptstraße der Spiritualität. Er ist ein Gottmensch. Nur durch seine Gnade kann die Verbindung mit Gott hergestellt werden, kein anderer kann das bewirken.

Die heiligen Schriften können uns viel über Spiritualität erzählen, denn sie sind eine wunderbare Schatztruhe, in der sich die aufgezeichneten spirituellen Erfahrungen der alten Weisen und Seher befinden. Dennoch können sie uns nicht eine lebendige Verbindung und eine tatsächliche Erfahrung der Spiritualität geben, die durch die mit Liebe erfüllten Augen eines Menschen, der selbst von Spiritualität erfüllt ist, wie eine Ansteckung aufgefangen werden kann. Wie eine brennende Kerze eine andere entzünden kann, so kann der spirituelle Lebensimpuls nur von einem spirituell gesehen lebendigen Menschen übertragen werden.

Der allein lebt,
der mit Gott im Innern in Verbindung ist.
O Nanak, alle übrigen sind in Wirklichkeit tot.
Guru Granth Sahib, Majh WarM . l

Ein Gottmensch ist wirklich das göttliche Sprachrohr. Gott spricht durch Heilige und Seher und offenbart sich durch Seine Propheten. Die Nähe eines lebenden Meisters ist der größte Segen, den man haben kann. Ein liebevoller Blick, ein freundliches Wort von ihm reicht aus, um einen Schauer göttlicher Freude in jeder menschlichen Seele auszulösen. Er kann in jedem Augenblick die Schleusentore der Spiritualität öffnen und die ausgetrocknete Seele mit den Wassern des Lebens überfluten. Er ist das Brot und Wasser des Lebens und wer immer davon nimmt, erfreut sich ewigen Lebens und geht danach ständig im Licht Gottes.

Christus sagt:

> *Wer aber von dem Wasser trinken wird,*
> *das ich ihm gebe, den wird ewiglich*
> *nicht dürsten. Denn das Wasser,*
> *das ich ihm geben werde, das wird in ihm*
> *ein Brunnen des Wassers werden, das in das*
> *ewige Leben quillt.*

Johannes 4,14

> *Ich bin das Licht der Welt. Wer mir nachfolgt,*
> *der wird nicht wandeln in der Finsternis,*
> *sondern das Licht des Lebens haben.*

Johannes 8,12

Aber vieles hängt von der Einfachheit und Aufrichtigkeit des Suchers, von seiner liebevollen Hingabe, seinem Glauben und vor allem von seiner Empfänglichkeit ab; denn wer bereits bis oben hin mit anderen Dingen angefüllt ist, der kann unmöglich noch mehr aufnehmen.

Der Guru oder der Gottmensch ist der ideale Mensch. Sein Körper ist nur ein übermittelnder Pol, von dem aus sich die strahlenden Wellen der Göttlichkeit in der Welt offenbaren, und alle, die in die Nähe dieses Pols kommen, nehmen sie wahr.

Sat Naam

Das ist der ursprüngliche Name der wirkenden Gotteskraft, der großen und erhabenen treibenden Kraft hinter der ganzen Schöpfung. Johannes sagt darüber:

Im Anfang war das Wort, und das Wort war bei Gott, und Gott war das Wort.
Dasselbe war im Anfang bei Gott.
Alle Dinge sind durch dasselbe gemacht, und ohne dasselbe ist nichts gemacht, was gemacht ist.
In ihm war das Leben, und das Leben war das Licht der Menschen.
Und das Licht scheint in der Finsternis, und die Finsternis hat's nicht erfasst.
Johannes 1,1-5

Die Muslime erklären, dass vierzehn *Tabaks* oder Aufteilungen (in die, aus ihrer Sichtweise, das Universum gegliedert ist), durch *Kalma*, wie sie es nennen, geschaffen wurden. Die Hindus nennen es

175

Naad und schreiben ihm die Entstehung von vierzehn *Bhavans* oder Regionen zu. Die Sikh-Schriften sprechen von *Shabd* oder *Bani*; die Upanishaden nennen es *Udgit* und die Veden geben ihm die Bezeichnung *Sruti* oder *Akash Bani*. Die Heiligen sprechen davon als *Naam* oder *Shabd* und es gibt keinen Ort, wo man seine Schwingungen nicht wahrnehmen kann.

Dieses Naam oder Sat Naam ist die Kraft, die das Universum kontrolliert. Sie ist die große, verbindende Macht, welche die zahlreichen Teile unterschiedlichster Art in dem wundervollen Mosaik des vielfarbigen Domes des Universums zusammenhält. Es ist das Band des Lebens, das durch die gesamte Schöpfung läuft und so das Bindeglied zwischen Gott und Seiner Schöpfung ist.

Ram Naam ist die einzige Wirklichkeit, alles andere ist Verfall und Auflösung unterworfen. Meditiere und konzentriere dich immer auf diese Wirklichkeit, denn der Tod kennt keine Zeit und kann sich jeden Augenblick, sei es zu Hause oder anderswo, mit seinen mörderischen Klauen auf dich stürzen.

> *Er allein kennt Naam, von dem ich es wollte.*
> *Ich halte und führe ihn hindurch.*
> *Die natürliche, innere Musik*
> *fließt unaufhörlich und von selbst,*
> *doch nur eine außergewöhnliche Seele*
> *weiß von dieser Verbindung.*
> *Der alles-durchdringende Geist*
> *durchwogt jede Pore des Körpers.*

*Wahrer Simran besteht darin, dass die Seele
beständig auf die innere Musik abgestimmt wird,
ohne die äußere Hilfe der Lippen, der Zunge, der
Kehle oder des Herzens
Derjenige, der sich mit diesem verborgenen
Kronjuwel verbindet, ist unser wahrer Freund.*
Kabir

*Der alles-durchdringende Geist Gottes
errettet uns von Geburt und Tod.
Eine Verbindung mit dem Wort
trägt uns sicher über das Meer des Lebens.*
Guru Granth Sahib, Gond M 5

Das ist die Stimme der Stille, wie sie die Theosophen beschreiben, denn sie kann nur in der Stille
der Seele gehört werden. Der Elan vital oder die
Lebensströme können in den innersten Tiefen des
Geistes empfunden werden. Es ist in gewisser Weise subjektiv und kann nur durch die Gnade einer
Meisterseele im Innern erfahren und gespürt werden.

XVI. Der Pfad der Meister: Die drei vorgegebenen praktischen Übungen

Der Aufbau des Menschen ist in drei verschiedene Formen gegliedert:

1. den physischen Körper, der hauptsächlich aus fester Materie besteht
2. den mentalen Körper, der feinstofflich ist
3. den kausalen oder Ursachenkörper, der die ersten beiden bedingt.

Der Geist oder die Seele wirkt durch alle drei Körper. Die verschiedenen Körper sind früher oder später der Auflösung oder Zerstörung unterworfen, während die Seele unzerstörbar ist – eine ewig lebende Form des Seins, jenseits des Bereichs von Kal (der Zeit) oder dem Tod. Sie ist ein Funke aus der Göttlichen Schmiede, in der der Lebensstrom geschmiedet wird, um die Welt zu formen und sie ins Sein zu bringen. Der menschliche Körper ist der wahre Tempel Gottes und dieser Mikrokosmos arbeitet nach Prinzipien des Makrokosmos.

Der Makrokosmos ist im Mikrokosmos
und wer den Makrokosmos sucht,
muss ihn im Mikrokosmos finden.

Dhanasari Peepa

Die Wahrheit oder Naam allein wirkt unbemerkt im Menschen und im Universum. Gott und der göttliche Geist sind von der gleichen Essenz. Um Gott zu erkennen, muss man zuerst sich selbst erkennen. Ohne Selbsterkenntnis durch Selbstanalyse erwacht die Erkenntnis der Einheit nicht, weder innen noch außen. Auch die muslimischen Heiligen sagen, dass *Alam-i-Saghi* (die kleine Welt) ein Prototyp von *Alam-i-Kabir* (der großen Welt) ist.

Der Mensch ist wirklich dreifach gesegnet. Er ist das Höchste und die Krone aller Dinge. Ein vollkommener Mensch zu sein, das ist die Krönung menschlicher Existenz.

> *Seid also vollkommen, wie euer himmlischer Vater vollkommen ist!*
> Matthäus 5, 48

Das ist eines der wichtigsten Prinzipien im Christentum. Kabir sagt, dass der Ergebene wie Gott selbst sein sollte. Diese Vollkommenheit muss daher dreifach sein: physisch, mental und spirituell. In gewissem Umfang kommt es auf die eigenen, individuellen Anstrengungen an, aber vieles hängt auch von äußerer Hilfe ab. In der Natur tragen Obstbäume in einer viel kürzeren Zeit Frucht, wenn sie nach erprobten Regeln gepflegt werden, als wenn sie sich selbst überlassen bleiben. Bei den fühlenden und bewussten menschlichen Wesen wirkt dasselbe Prinzip noch viel stärker. Ein Mensch kann durch die Hilfe einer Meisterseele viel leichter, einfacher und schneller spirituellen Erfolg erlangen als anders. Aber man muss die Hilfe und die Gemeinschaft eines vollendeten Meister suchen und anstreben, der nicht nur in der Theorie, sondern auch in der Praxis der spirituellen Wissenschaft versiert ist.

Außerdem muss ein Aspirant sehr achtsam sein, was seine Ernährung, sein Verhalten und sein Umfeld betrifft, denn all das hat einen starken Einfluss auf seinen Körper und sein Gemüt. Einfache Satwik-Nahrung, (ohne Fleisch, Fisch, Geflügel und Eier) sowie Enthaltsamkeit von allen Rauschmitteln, leerem Geschwätz und sinnlosen Beschäftigungen, Loslösung vom Zauber der Welt - all das wird uns als nötige Disziplin auf dem spirituellen Pfad nahegelegt. Mit diesen Voraussetzungen wird der Sadhak in die praktischen Übungen eingeführt, die seinem geistigen Wohl dienen:

1. Simran (Wiederholung der geladenen Namen)
2. Dhyan (spirituelle Kontemplation)
3. Dhun Abhyas (Eintauchen in den Tonstrom)

Momentan ist unser Gemüt mit dem Simran der Welt und weltlichen Dinge beschäftigt, und zwar so sehr, dass wir uns völlig damit identifiziert haben. Wir wissen nicht, ob wir außerhalb von all dem eine eigenständige Existenz haben. Wie sehr wir auch versuchen mögen, das Gemüt nach innen zu wenden, es gelingt uns nicht. Gedanken an Freunde und Verwandte, an Büroakten und Berichte, an Gerichtshöfe und Gesetzbücher, an Medikamente und Krankheiten, an Gewinne und Verluste, an Lohn und Streik, usw., tauchen auf der mentalen

Leinwand auf wie in einem Kino. Um den Geist davon zu entwöhnen, muss man den Simran der Namen Gottes wiederholen und meditieren. Deshalb empfehlen die Heiligen dem Aspiranten oder Sadhak, Simran mit der Zunge des Gedankens zu üben und Dhyan mit dem geistigen Auge. Durch diese beiden mentalen Vorgänge lernt das Gemüt allmählich, das Gleichgewicht zu erlangen und seine immer schwankenden Neigungen zu Ruhe zu bringen. Zuletzt muss man mit den geistigen Ohren auf die Stimme der Stille hören.

Shabd, Naam oder das Wort vibriert unaufhörlich in jedem von uns, denn dadurch leben wir. Die Seele und der Tonstrom sind im Wesentlichen eins. In ihm ist eine so wunderbare Musik, dass die tausendköpfige Schlange des Gemüts gefügig wird, wenn sie sie hört. Die Aufmerksamkeit (die Fokussierung des Geistes), die bisher der Sklave des Gemüts ist, wird von den inneren Klängen der Musik wie magnetisch angezogen, auf sie abgestimmt und geht darin auf.

Die Aufmerksamkeit dient nicht mehr länger dem Gemüt, und die Folge davon ist, dass das Gemüt hilflos wird und wie eine leere Hülle abfällt. Der Geist, der durch den Tonstrom aus dem Meer physischer Existenz herausgezogen wird, verliert seine getrennte Existenz und wird mit dem Tonstrom eins. Auch wenn man danach noch weiter in der Welt bleiben muss, um seine zugeteilte Lebensspanne zu beenden, ist man dann ein Jivan Mukta, (ein befreites Wesen oder entpersonifizierter Geist).

Der Mensch ist nicht länger ein gefesselter Sklave des Gemüts und der Sinne, sondern ist nun fest im Göttlichen verankert. Er sonnt sich beständig im inneren göttlichen Licht und lauscht der göttlichen Musik in seiner Seele. Die detaillierten Anleitungen für diese dreifachen *Atma Sidhi* (spirituelle Übungen) übermittelt der Meister jedem Sadhak (Aspiranten) zur Zeit der Initiation.

Durch Simran und Dhyan werden die Sinnesströme im Körper allmählich gesammelt und am Zentrum des Geistes zwischen den beiden Augenbrauen konzentriert. Von hier aus wird der Geist durch den Tonstrom weitergeführt und nachdem er die verschiedenen Ebenen überschritten hat, erreicht er seine ursprüngliche Heimat Sach Khand oder Mukam-i-Haq, die die Quelle und der Ursprung des Tonstroms ist. Das ist Moksha, Nejat, Nirvana oder Erlösung im wahren Sinne des Wortes.

Begriffe und Personen:

1. Katharina von Siena: italienische Mystikerin und Kirchenlehrerin des 14. Jdh

2. Sadh: disziplinierte Seele, hat inneren Zugang bis Par Brahm.

3. Upanishaden: spätvedische Schriftensammlung, ca. 500 v.Chr.

4. Awesta: persische Schriftensammlung der Zoroastrier, etwa 1.000 Jahre v. Chr.

5. Tripatakas: buddistische Schriftensammlung, um Christi Geburt

6. Adi Granth: heilige Schrift der Sikhs, auch Guru Granth Sahib, 14. bis 17. Jhd. n. Chr.

7. Triratan: heilige Schrift der Jains, ca. 500 v. Chr.

8. Murshid-i-Kamil: spiritueller Meister/Lehrer

9. Sadhan: Übung; äußerer Sadhan sind z.B. Bußübungen, Fasten, Nachtwachen, Pilgerreisen, spiritueller Sadhan sind Meditationsübungen

10. Guru Dev: strahlende Form des Meisters, die innen erscheint, um den Schüler bei seiner inneren spirituellen Reise zu führen

11. Satguru: vollkommener Meister, ist den inneren Weg zu Ende gegangen und kennt alle Details der Reise.

12. Guru: Lehrer oder Meister, hier auf dem spirituellen Weg

13. Mysterienschule: Geistesschulen vor allem in Ägypten und Griechenland, die sich mit Spiritualität und Mystik beschäftigten

14. Sheik Saadhi, Dichter, 13. Jhd.

15. Dharma: Begriff aus dem Hinduismus und Buddhismus, ethisch-religiöse Verpflichtung, kosmisches Ordnungsprizip

16. Agnostiker: sind der Auffassung, dass die Existenz Gottes nicht geklärt werden kann

17. James Henry Leigh Hunt, engl. Schriftsteller, 19. Jhd.

18. Samuel Taylor Colerigde: engl. Dichter der Romantik, 19. Jhd.

19. Farid du-Din Attar, Sufi-Heiliger und Dichter, heutiges Pakistan, 13. Jhd.

20. Guru Gobind Singh: 10. Guru der Sikhs, Indien, 18. Jhd.

21. Bhai Nand Lal: Schüler von Guru Gobind Singh, bekannter Dichter, 18. Jhd.

22. Kabir: indischer Dichter und Heiliger, als Vater der Spiritualität betrachtet, Weber vom Beruf, 14. Jhd.

23. Thomas von Kempen: dt. Mystiker, Augustinermönch, Schriftsteller, 15. Jhd.

24. Kaaba: Zentrales Heiligtum des Islam, würfelförmiges Haus Gottes der Muslime in Mekka, heute Saudi-Arabien

25. Khalil: arab., Geliebter, bester Freund

26. Mekka: muslimischer Wallfahrtsort in Saudi-

Arabien

27. Maulana Dschalal ad-Din Muhammad Rumi, pers. Sufi-Mystiker, 13. Jhd.

28. Maghrabi Sahib: ind. Dichter

29. Hafiz: pers. Dichter und Mystiker, 14. Jhd.

30. Rishi: sankr., Seher oder mythischer Weiser;

31. Muni: sanskr., asketischer Seher, weiser, heiliger Mann

32. Omar Khayyam: pers. Sufi-Dichter, Mathematiker, Astronom, 12 Jhd.

33. Gemüt: Bestandteil des Menschen, umfasst den gesamten Bereich der Gedanken, Gefühle, Willenskräfte und Unterbewusstseins.

34. Al-Nisae Sahib, ind. Dichter

35. H.O. Wendell: amerikanischer Schriftsteller

36. Tulsi Sahib: ind. Heiliger, 19. Jhd. spirtueller Lehrer von Soami Shiv Dayal Singh

37. Guru Amar Das: dritter Guru der Sikhs, 15. Jhd.

38. Basant Ramanand: Gedicht, verfasst von Ramananda, ind. Dichter, Sozialreformer und Hindu-Heiliger, Gründer der Bhakti-Bewegung, 14. Jhd.

39. Bulleh Shah, ind. Sufi-Dichter und Mystiker, 17. Jhd.

40. Naam Dev: indischer Heiliger, vom Beruf Stoffdrucker

41. Ravi Das: indischer Heiliger, vom Beruf Schuster

42. Dhanna Jat: ind. Hindu-Mystiker und Dichter, 15. Jhd.

43. Khshatriya-Kaste: Kaste der Krieger und höheren Beamten

44. Hazrat Mian Mir: ind. Sufi-Heiliger, 17. Jhd.

45. Bhagat Chajju, ind. Sagengestalt

46. Guru Hargobind: 6. Guru der Sikhs, 17. Jhd.

47. Mogulen: islam. Herrschergeschlecht in Indien, 16./17. Jhd.

48. Machhiwara: Ort im Punjab, Indien, Schauplatz einer großen Schlacht im 16. Jhd.

49. Hazrat Attaar: ind. Dichter

50. Iqbal: ind. Dichter, Philosoph, Politiker, 19. Jhd.

51. John Ruskin: engl. Schriftsteller, 19. Jhd.

52. Große Auflösung: am Ende eines großen Zeitzyklusses

53. Augustinus: christl. Kirchenlehrer, heutiges Algerien, 5. Jhd.

54. Gaudpada: ind. Weiser, Hindutradition, Vorgänger von Patanjali

55. Patanjali: ind. Weiser und Dichter, vermutl. um Christi Geburt, Hindutradition, klassifizierte Yoga-Systeme

56. Bergson, franz. Philosoph, 19. Jhd.

57. Arthur Schopenhauer, dt. Schriftsteller, 19 Jhd.

58. Hazrat Moen-ud-Din-Chisti, pers. islam. Mystiker, 12. Jhd., gründete den Chisti-Or-

den in Indien

59. Swami Vivekananda, Hindumönch, 19. Jhd., machte die Veden im Westen bekannt
60. Soamiji, Kurzform von Soami Shiv Dayal Singh, ind. Heiliger, Meister von Baba Jaimal Singh, 18. Jhd.
61. Ashtavakra, ind. Weiser aus der Zeit von König Janak, dessen Texte in Veden enthalten sind; ca. 800 v.Chr.
62. Shamas-i-Tabrez, iran. Sufi-Mystiker, 13. Jhd.
63. Bu Ali Qualander, ind. muslim. Weiser
64. Bhai Gurdas, ind. Dichter, Schüler von Guru Amar Das, 17. Jhd.

Nachwort: die heutige Zeit

Bücher von Kirpal Singh sind ein Schatz an spirituellem Wissen. Der Autor schöpft sein Wissen aus persönlicher, innerer Erfahrung. Über den Weg der Meditation auf Naam oder das Wort hatte er nicht nur das Ideal des menschlichen Lebens verwirklicht, sondern konnte auch anderen diese innere Verbindung geben.

Bereits 1955 in „Mensch, erkenne dich selbst" führt Kirpal Singh aus: „...wenn die Zeiten schwierig werden, gewährt der Allmächtige Seine Hilfe durch die Meister immer großzügiger – das ist der Fall in diesem Kali Yuga – dem Eisernen Zeitalter." Es ist gleichzeitig ein Hinweis darauf, dass das nicht immer so ist. In Gesprächen mit Schülern, in Vorträgen und öffentlichen Interviews vor allem in den USA machte er immer wieder auf den Wandel zum Goldenen Zeitalter aufmerksam, und dieses Zeitalter hat andere Gesetze. Auf die Frage, wer nach ihm die Arbeit fortführen werde, antwortete er: „Ich möchte, dass ihr alle meine Botschafter seid – ich will mit Tausenden von Händen arbeiten." Sein Schüler Dr. Harbhajan Singh, der im Krankenhaus seinerzeit bis zuletzt an Kirpal Singhs Seite war, berichtete über dessen letzte Worte, mit denen er für die Zukunft auf den Weg gab, dass der Allmächtige direkt weiter wirken werde.

So leben wir jetzt also in einer besonderen Zeit. Die höchste Kraft wirkt direkt, um Suchenden eine Erfahrung der inneren Wirklichkeit zu geben.

Dennoch hatte Kirpal Singh Vorbereitungen für die Zeit nach ihm getroffen. Nach seinen Vorgaben wurde unter der Leitung von Dr. Harbhajan Singh und seiner Frau Surinder Kaur ein wegweisendes Projekt aufgebaut, das heutige Kirpal Sagar. Beiden hatte er zuvor vieles anvertraut, damit sie eine stabile Grundlage schaffen konnten, auf der sich Unity of Man auch nach ihnen weltweit für das Ideal der Einheit einsetzt. Den Ort für Kirpal Sagar hatte er seinerzeit selbst ausgesucht. Es ist ein Projekt mit starkem spirituellen Fundament, aus dem all die sozial-karitativen, nachhaltig-wertschätzenden und kulturellen Aspekten erwachsen. Hier findet zudem ein lebendiger Dialog zwischen Religionen und Glaubensrichtungen statt. Die dort lebenden Menschen gehören verschiedenen Bekenntnissen an. So ergibt sich auf natürliche Weise, dass keine bestimmte Religion gelehrt wird, sondern der Fokus auf der Essenz der Religion liegt, dem gemeinsamen spirituellen Kern. Es ist eine Plattform für Menschen, die sich für andere einsetzen und in Einheit leben wollen. „Dient einander in Liebe" war das Motto der Weisen durch alle Zeitalter hindurch.

Wenn wir eine Erfahrung von der Wahrheit haben, werden wir verstehen, dass wir alle Kinder desselben Lichts sind. Wir sind Brüder und Schwestern in Gott – desselben Vaters.

Kirpal Singh

Homepages, Links, Kontaktdaten

https://unity-of-man.org   https://kirpal-sagar.org

https://kirpal-sagar.co.in

Mail: mail@unity-of-man.org

Deutschland:
Zentrum Pforzheim

Unity of Man - Die Einheit des Menschen - Sant Kirpal Singh e.V., Postfach 10 18 03, D-75118 Pforzheim

Österreich:
Zentrum für den Westen, Steinklüftstraße 34, A-5340 St. Gilgen

Unity of Man - Verein zur Verbesserung der menschlichen Beziehungen, Steinklüftstraße 34, A-5340 St. Gilgen

Indien:
Kirpal Sagar, near Rahon, S.B.S. Nagar, IN-144517 Punjab

Unity of Man (regd.), The Mall 361A, Amritsar, IN-143001 Punjab

Bildnachweis

Umschlag:
Detailaufnahme „Symbole der Einheit", Sarovar, Kirpal Sagar, Indien, 2020, Bildarchiv Unity of Man St. Gilgen
(Creative Commons Lizenz: share alike)

Über den Autor:
Bild aus dem Jahr 1963, 2. Weltreise, Abschnitt Europa (genauer Ort nicht mehr zu recherchieren, Fotograf unbekannt), zur Verfügung gestellt von Kirpal Archiv Breitscheid

Kirpal Sagar, Sarovar, 2018, Archiv Kirpal Sagar
(Creative Commons Lizenz: share alike)